全国普法学习读本
★ ★ ★ ★ ★

U0453674

>>>>>>>>>>

# 公共场所消防法律法规学习读本

# 特殊公共场所消防法律法规

■ 魏光朴　主编

加大全民普法力度，建设社会主义法治文化，树立宪法法律
至上、法律面前人人平等的法治理念。

——中国共产党第十九次全国代表大会《决胜全面建
成小康社会　夺取新时代中国特色社会主义伟大胜利》

汕头大学出版社

## 图书在版编目（CIP）数据

特殊公共场所消防法律法规／魏光朴主编 . -- 汕头：
汕头大学出版社，2023.4（重印）
　　（公共场所消防法律法规学习读本）
　　ISBN 978-7-5658-3338-0

　　Ⅰ．①特… Ⅱ．①魏… Ⅲ．①消防法-中国-学习参
考资料 Ⅳ．①D922.144

　　中国版本图书馆 CIP 数据核字（2018）第 000907 号

---

**特殊公共场所消防法律法规　TESHU GONGGONG CHANGSUO XIAOFANG FALÜ FAGUI**

主　　编：魏光朴
责任编辑：邹　峰
责任技编：黄东生
封面设计：大华文苑
出版发行：汕头大学出版社
　　　　　广东省汕头市大学路 243 号汕头大学校园内　邮政编码：515063
电　　话：0754-82904613
印　　刷：三河市元兴印务有限公司
开　　本：690mm×960mm 1/16
印　　张：18
字　　数：226 千字
版　　次：2018 年 1 月第 1 版
印　　次：2023 年 4 月第 2 次印刷
定　　价：59.60 元（全 2 册）
ISBN 978-7-5658-3338-0

# 前　言

习近平总书记指出："推进全民守法，必须着力增强全民法治观念。要坚持把全民普法和守法作为依法治国的长期基础性工作，采取有力措施加强法制宣传教育。要坚持法治教育从娃娃抓起，把法治教育纳入国民教育体系和精神文明创建内容，由易到难、循序渐进不断增强青少年的规则意识。要健全公民和组织守法信用记录，完善守法诚信褒奖机制和违法失信行为惩戒机制，形成守法光荣、违法可耻的社会氛围，使遵法守法成为全体人民共同追求和自觉行动。"

中共中央、国务院曾经转发了中央宣传部、司法部关于在公民中开展法治宣传教育的规划，并发出通知，要求各地区各部门结合实际认真贯彻执行。通知指出，全民普法和守法是依法治国的长期基础性工作。深入开展法治宣传教育，是全面建成小康社会和新农村的重要保障。

普法规划指出：各地区各部门要根据实际需要，从不同群体的特点出发，因地制宜开展有特色的法治宣传教育坚持集中法治宣传教育与经常性法治宣传教育相结合，深化法律进机关、进乡村、进社区、进学校、进企业、进单位的"法律六进"主题活动，完善工作标准，建立长效机制。

特别是农业、农村和农民问题，始终是关系党和人民事业发展的全局性和根本性问题。党中央、国务院发布的《关于推进社会主义新农村建设的若干意见》中明确提出要"加强农村法制建设，深入开展农村普法教育，增强农民的法制观念，提高农民依法行使权利和履行义务的自觉性。"多年普法实践证明，普及法律知识，提高法制观念，增强全社会依法办事意识具有重要作用。特别是在广大农村进行普法教育，是提高全民法律素质的需要。

多年来，我国在农村实行的改革开放取得了极大成功，农村发生了翻天覆地的变化，广大农民生活水平大大得到了提高。但是，由于历史和社会等原因，现阶段我国一些地区农民文化素质还不高，不学法、不懂法、不守法现象虽然较原来有所改变，但仍有相当一部分群众的法制观念仍很淡化，不懂、不愿借助法律来保护自身权益，这就极易受到不法的侵害，或极易进行违法犯罪活动，严重阻碍了全面建成小康社会和新农村步伐。

为此，根据党和政府的指示精神以及普法规划，特别是根据广大农村农民的现状，在有关部门和专家的指导下，特别编辑了这套《全国普法学习读本》。主要包括了广大人民群众应知应懂、实际实用的法律法规。为了辅导学习，附录还收入了相应法律法规的条例准则、实施细则、解读解答、案例分析等；同时为了突出法律法规的实际实用特点，兼顾地方性和特殊性，附录还收入了部分某些地方性法律法规以及非法律法规的政策文件、管理制度、应用表格等内容，拓展了本书的知识范围，使法律法规更"接地气"，便于读者学习掌握和实际应用。

在众多法律法规中，我们通过甄别，淘汰了废止的，精选了最新的、权威的和全面的。但有部分法律法规有些条款不适应当下情况了，却没有颁布新的，我们又不能擅自改动，只得保留原有条款，但附录却有相应的补充修改意见或通知等。众多法律法规根据不同内容和受众特点，经过归类组合，优化配套。整套普法读本非常全面系统，具有很强的学习性、实用性和指导性，非常适合用于广大农村和城乡普法学习教育与实践指导。总之，是全国全民普法的良好读本。

# 目　　录

## 森林防火条例

## 草原防火条例

## 烟花爆竹安全管理条例

## 烟草行业消防安全管理规定

## 建设工程消防监督管理规定

# 高等学校消防安全管理规定

# 文物消防安全检查规程（试行）

# 铁路消防管理办法

# 森林防火条例

中华人民共和国国务院令

第 541 号

《森林防火条例》已经 2008 年 11 月 19 日国务院第 36 次常务会议修订通过，现将修订后的《森林防火条例》公布，自 2009 年 1 月 1 日起施行。

总理 温家宝

二○○八年十二月一日

## 第一章 总 则

**第一条** 为了有效预防和扑救森林火灾，保障人民生命财产安全，保护森林资源，维护生态安全，根据《中华人民共和国森林法》，制定本条例。

**第二条** 本条例适用于中华人民共和国境内森林火灾的预防和扑救。但是，城市市区的除外。

**第三条** 森林防火工作实行预防为主、积极消灭的方针。

**第四条** 国家森林防火指挥机构负责组织、协调和指导全国的森林防火工作。

国务院林业主管部门负责全国森林防火的监督和管理工作，承担国家森林防火指挥机构的日常工作。

国务院其他有关部门按照职责分工，负责有关的森林防火工作。

**第五条** 森林防火工作实行地方各级人民政府行政首长负责制。

县级以上地方人民政府根据实际需要设立的森林防火指挥机构，负责组织、协调和指导本行政区域的森林防火工作。

县级以上地方人民政府林业主管部门负责本行政区域森林防火的监督和管理工作，承担本级人民政府森林防火指挥机构的日常工作。

县级以上地方人民政府其他有关部门按照职责分工，负责有关的森林防火工作。

**第六条** 森林、林木、林地的经营单位和个人，在其经营范围内承担森林防火责任。

**第七条** 森林防火工作涉及两个以上行政区域的，有关地方人民政府应当建立森林防火联防机制，确定联防区域，建立联防制度，实行信息共享，并加强监督检查。

**第八条** 县级以上人民政府应当将森林防火基础设施建设纳入国民经济和社会发展规划，将森林防火经费纳入本级财政预算。

**第九条** 国家支持森林防火科学研究，推广和应用先进的科学技术，提高森林防火科技水平。

**第十条** 各级人民政府、有关部门应当组织经常性的森林防火宣传活动，普及森林防火知识，做好森林火灾预防工作。

**第十一条** 国家鼓励通过保险形式转移森林火灾风险，提高林业防灾减灾能力和灾后自我救助能力。

**第十二条** 对在森林防火工作中作出突出成绩的单位和个人，按照国家有关规定，给予表彰和奖励。

对在扑救重大、特别重大森林火灾中表现突出的单位和个人，可以由森林防火指挥机构当场给予表彰和奖励。

# 第二章 森林火灾的预防

**第十三条** 省、自治区、直辖市人民政府林业主管部门应当按照国务院林业主管部门制定的森林火险区划等级标准，以县为单位确定本行政区域的森林火险区划等级，向社会公布，并报国务院林业主管部门备案。

**第十四条** 国务院林业主管部门应当根据全国森林火险区划等级和实际工作需要，编制全国森林防火规划，报国务院或者国务院授权的部门批准后组织实施。

县级以上地方人民政府林业主管部门根据全国森林防火规划，结合本地实际，编制本行政区域的森林防火规划，报本级人民政府批准后组织实施。

**第十五条** 国务院有关部门和县级以上地方人民政府应当按照森林防火规划，加强森林防火基础设施建设，储备必要的森林防火物资，根据实际需要整合、完善森林防火指挥信息系统。

国务院和省、自治区、直辖市人民政府根据森林防火实际需要，充分利用卫星遥感技术和现有军用、民用航空基础设施，建立相关单位参与的航空护林协作机制，完善航空护林基础设施，并保障航空护林所需经费。

**第十六条** 国务院林业主管部门应当按照有关规定编制国家重大、特别重大森林火灾应急预案，报国务院批准。

县级以上地方人民政府林业主管部门应当按照有关规定编制森林火灾应急预案，报本级人民政府批准，并报上一级人民政府林业主管部门备案。

县级人民政府应当组织乡（镇）人民政府根据森林火灾应急预案制定森林火灾应急处置办法；村民委员会应当按照森林火灾应急预案和森林火灾应急处置办法的规定，协助做好森林火灾应急处置工作。

县级以上人民政府及其有关部门应当组织开展必要的森林火灾应急预案的演练。

第十七条　森林火灾应急预案应当包括下列内容：

（一）森林火灾应急组织指挥机构及其职责；

（二）森林火灾的预警、监测、信息报告和处理；

（三）森林火灾的应急响应机制和措施；

（四）资金、物资和技术等保障措施；

（五）灾后处置。

第十八条　在林区依法开办工矿企业、设立旅游区或者新建开发区的，其森林防火设施应当与该建设项目同步规划、同步设计、同步施工、同步验收；在林区成片造林的，应当同时配套建设森林防火设施。

第十九条　铁路的经营单位应当负责本单位所属林地的防火工作，并配合县级以上地方人民政府做好铁路沿线森林火灾危险地段的防火工作。

电力、电信线路和石油天然气管道的森林防火责任单位，应当在森林火灾危险地段开设防火隔离带，并组织人员进行巡护。

第二十条　森林、林木、林地的经营单位和个人应当按照林业主管部门的规定，建立森林防火责任制，划定森林防火责任区，确定森林防火责任人，并配备森林防火设施和设备。

第二十一条　地方各级人民政府和国有林业企业、事业单位应当根据实际需要，成立森林火灾专业扑救队伍；县级以上地方人民政府应当指导森林经营单位和林区的居民委员会、村民委员会、企业、事业单位建立森林火灾群众扑救队伍。专业的和群众的火灾扑救队伍应当定期进行培训和演练。

第二十二条　森林、林木、林地的经营单位配备的兼职或者专职护林员负责巡护森林，管理野外用火，及时报告火情，协助有关机关调查森林火灾案件。

第二十三条　县级以上地方人民政府应当根据本行政区域内森林资源分布状况和森林火灾发生规律，划定森林防火区，规定森林防火期，并向社会公布。

森林防火期内，各级人民政府森林防火指挥机构和森林、林木、林地的经营单位和个人，应当根据森林火险预报，采取相应的预防和应急准备措施。

第二十四条　县级以上人民政府森林防火指挥机构，应当组织有关部门对森林防火区内有关单位的森林防火组织建设、森林防火责任制落实、森林防火设施建设等情况进行检查；对检查中发现的森林火灾隐患，县级以上地方人民政府林业主管部门应当及时向有关单位下达森林火灾隐患整改通知书，责令限期整改，消除隐患。

被检查单位应当积极配合，不得阻挠、妨碍检查活动。

第二十五条　森林防火期内，禁止在森林防火区野外用火。因防治病虫鼠害、冻害等特殊情况确需野外用火的，应当经县级人民政府批准，并按照要求采取防火措施，严防失火；需要进入森林防火区进行实弹演习、爆破等活动的，应当经省、自治区、直辖市人民政府林业主管部门批准，并采取必要的防火措施；中国人民解放军和中国人民武装警察部队因处置突发事件和执行其他紧急任务需要进入森林防火区的，应当经其上级主管部门批准，并采取必要的防火措施。

第二十六条 森林防火期内，森林、林木、林地的经营单位应当设置森林防火警示宣传标志，并对进入其经营范围的人员进行森林防火安全宣传。

森林防火期内，进入森林防火区的各种机动车辆应当按照规定安装防火装置，配备灭火器材。

第二十七条 森林防火期内，经省、自治区、直辖市人民政府批准，林业主管部门、国务院确定的重点国有林区的管理机构可以设立临时性的森林防火检查站，对进入森林防火区的车辆和人员进行森林防火检查。

第二十八条 森林防火期内，预报有高温、干旱、大风等高火险天气的，县级以上地方人民政府应当划定森林高火险区，规定森林高火险期。必要时，县级以上地方人民政府可以根据需要发布命令，严禁一切野外用火；对可能引起森林火灾的居民生活用火应当严格管理。

第二十九条 森林高火险期内，进入森林高火险区的，应当经县级以上地方人民政府批准，严格按照批准的时间、地点、范围活动，并接受县级以上地方人民政府林业主管部门的监督管理。

第三十条 县级以上人民政府林业主管部门和气象主管机构应当根据森林防火需要，建设森林火险监测和预报台站，建立联合会商机制，及时制作发布森林火险预警预报信息。

气象主管机构应当无偿提供森林火险天气预报服务。广播、电视、报纸、互联网等媒体应当及时播发或者刊登森林火险天气预报。

# 第三章 森林火灾的扑救

第三十一条 县级以上地方人民政府应当公布森林火警电话，

建立森林防火值班制度。

任何单位和个人发现森林火灾，应当立即报告。接到报告的当地人民政府或者森林防火指挥机构应当立即派人赶赴现场，调查核实，采取相应的扑救措施，并按照有关规定逐级报上级人民政府和森林防火指挥机构。

第三十二条 发生下列森林火灾，省、自治区、直辖市人民政府森林防火指挥机构应当立即报告国家森林防火指挥机构，由国家森林防火指挥机构按照规定报告国务院，并及时通报国务院有关部门：

（一）国界附近的森林火灾；

（二）重大、特别重大森林火灾；

（三）造成3人以上死亡或者10人以上重伤的森林火灾；

（四）威胁居民区或者重要设施的森林火灾；

（五）24小时尚未扑灭明火的森林火灾；

（六）未开发原始林区的森林火灾；

（七）省、自治区、直辖市交界地区危险性大的森林火灾；

（八）需要国家支援扑救的森林火灾。

本条第一款所称"以上"包括本数。

第三十三条 发生森林火灾，县级以上地方人民政府森林防火指挥机构应当按照规定立即启动森林火灾应急预案；发生重大、特别重大森林火灾，国家森林防火指挥机构应当立即启动重大、特别重大森林火灾应急预案。

森林火灾应急预案启动后，有关森林防火指挥机构应当在核实火灾准确位置、范围以及风力、风向、火势的基础上，根据火灾现场天气、地理条件，合理确定扑救方案，划分扑救地段，确定扑救责任人，并指定负责人及时到达森林火灾现场具体指挥森林火灾的扑救。

第三十四条　森林防火指挥机构应当按照森林火灾应急预案，统一组织和指挥森林火灾的扑救。

扑救森林火灾，应当坚持以人为本、科学扑救，及时疏散、撤离受火灾威胁的群众，并做好火灾扑救人员的安全防护，尽最大可能避免人员伤亡。

第三十五条　扑救森林火灾应当以专业火灾扑救队伍为主要力量；组织群众扑救队伍扑救森林火灾的，不得动员残疾人、孕妇和未成年人以及其他不适宜参加森林火灾扑救的人员参加。

第三十六条　武装警察森林部队负责执行国家赋予的森林防火任务。武装警察森林部队执行森林火灾扑救任务，应当接受火灾发生地县级以上地方人民政府森林防火指挥机构的统一指挥；执行跨省、自治区、直辖市森林火灾扑救任务的，应当接受国家森林防火指挥机构的统一指挥。

中国人民解放军执行森林火灾扑救任务的，依照《军队参加抢险救灾条例》的有关规定执行。

第三十七条　发生森林火灾，有关部门应当按照森林火灾应急预案和森林防火指挥机构的统一指挥，做好扑救森林火灾的有关工作。

气象主管机构应当及时提供火灾地区天气预报和相关信息，并根据天气条件适时开展人工增雨作业。

交通运输主管部门应当优先组织运送森林火灾扑救人员和扑救物资。

通信主管部门应当组织提供应急通信保障。

民政部门应当及时设置避难场所和救灾物资供应点，紧急转移并妥善安置灾民，开展受灾群众救助工作。

公安机关应当维护治安秩序，加强治安管理。

商务、卫生等主管部门应当做好物资供应、医疗救护和卫生防疫等工作。

**第三十八条** 因扑救森林火灾的需要，县级以上人民政府森林防火指挥机构可以决定采取开设防火隔离带、清除障碍物、应急取水、局部交通管制等应急措施。

因扑救森林火灾需要征用物资、设备、交通运输工具的，由县级以上人民政府决定。扑火工作结束后，应当及时返还被征用的物资、设备和交通工具，并依照有关法律规定给予补偿。

**第三十九条** 森林火灾扑灭后，火灾扑救队伍应当对火灾现场进行全面检查，清理余火，并留有足够人员看守火场，经当地人民政府森林防火指挥机构检查验收合格，方可撤出看守人员。

# 第四章　灾后处置

**第四十条** 按照受害森林面积和伤亡人数，森林火灾分为一般森林火灾、较大森林火灾、重大森林火灾和特别重大森林火灾：

（一）一般森林火灾：受害森林面积在 1 公顷以下或者其他林地起火的，或者死亡 1 人以上 3 人以下的，或者重伤 1 人以上 10 人以下的；

（二）较大森林火灾：受害森林面积在 1 公顷以上 100 公顷以下的，或者死亡 3 人以上 10 人以下的，或者重伤 10 人以上 50 人以下的；

（三）重大森林火灾：受害森林面积在 100 公顷以上 1000 公顷以下的，或者死亡 10 人以上 30 人以下的，或者重伤 50 人以上 100 人以下的；

（四）特别重大森林火灾：受害森林面积在 1000 公顷以上的，或者死亡 30 人以上的，或者重伤 100 人以上的。

本条第一款所称"以上"包括本数，"以下"不包括本数。

第四十一条　县级以上人民政府林业主管部门应当会同有关部门及时对森林火灾发生原因、肇事者、受害森林面积和蓄积、人员伤亡、其他经济损失等情况进行调查和评估，向当地人民政府提出调查报告；当地人民政府应当根据调查报告，确定森林火灾责任单位和责任人，并依法处理。

森林火灾损失评估标准，由国务院林业主管部门会同有关部门制定。

第四十二条　县级以上地方人民政府林业主管部门应当按照有关要求对森林火灾情况进行统计，报上级人民政府林业主管部门和本级人民政府统计机构，并及时通报本级人民政府有关部门。

森林火灾统计报告表由国务院林业主管部门制定，报国家统计局备案。

第四十三条　森林火灾信息由县级以上人民政府森林防火指挥机构或者林业主管部门向社会发布。重大、特别重大森林火灾信息由国务院林业主管部门发布。

第四十四条　对因扑救森林火灾负伤、致残或者死亡的人员，按照国家有关规定给予医疗、抚恤。

第四十五条　参加森林火灾扑救的人员的误工补贴和生活补助以及扑救森林火灾所发生的其他费用，按照省、自治区、直辖市人民政府规定的标准，由火灾肇事单位或者个人支付；起火原因不清的，由起火单位支付；火灾肇事单位、个人或者起火单位确实无力支付的部分，由当地人民政府支付。误工补贴和生活补助以及扑救森林火灾所发生的其他费用，可以由当地人民政府先行支付。

第四十六条　森林火灾发生后，森林、林木、林地的经营单位和个人应当及时采取更新造林措施，恢复火烧迹地森林植被。

# 第五章　法律责任

**第四十七条** 违反本条例规定，县级以上地方人民政府及其森林防火指挥机构、县级以上人民政府林业主管部门或者其他有关部门及其工作人员，有下列行为之一的，由其上级行政机关或者监察机关责令改正；情节严重的，对直接负责的主管人员和其他直接责任人员依法给予处分；构成犯罪的，依法追究刑事责任：

（一）未按照有关规定编制森林火灾应急预案的；

（二）发现森林火灾隐患未及时下达森林火灾隐患整改通知书的；

（三）对不符合森林防火要求的野外用火或者实弹演习、爆破等活动予以批准的；

（四）瞒报、谎报或者故意拖延报告森林火灾的；

（五）未及时采取森林火灾扑救措施的；

（六）不依法履行职责的其他行为。

**第四十八条** 违反本条例规定，森林、林木、林地的经营单位或者个人未履行森林防火责任的，由县级以上地方人民政府林业主管部门责令改正，对个人处 500 元以上 5000 元以下罚款，对单位处 1 万元以上 5 万元以下罚款。

**第四十九条** 违反本条例规定，森林防火区内的有关单位或者个人拒绝接受森林防火检查或者接到森林火灾隐患整改通知书逾期不消除火灾隐患的，由县级以上地方人民政府林业主管部门责令改正，给予警告，对个人并处 200 元以上 2000 元以下罚款，对单位并处 5000 元以上 1 万元以下罚款。

**第五十条** 违反本条例规定，森林防火期内未经批准擅自在森林防火区内野外用火的，由县级以上地方人民政府林业主管部门责令停止违法行为，给予警告，对个人并处 200 元以上 3000 元以下罚款，对单位并处 1 万元以上 5 万元以下罚款。

**第五十一条** 违反本条例规定，森林防火期内未经批准在森林防火区内进行实弹演习、爆破等活动的，由县级以上地方人民政府林业主管部门责令停止违法行为，给予警告，并处 5 万元以上 10 万元以下罚款。

**第五十二条** 违反本条例规定，有下列行为之一的，由县级以上地方人民政府林业主管部门责令改正，给予警告，对个人并处 200 元以上 2000 元以下罚款，对单位并处 2000 元以上 5000 元以下罚款：

（一）森林防火期内，森林、林木、林地的经营单位未设置森林防火警示宣传标志的；

（二）森林防火期内，进入森林防火区的机动车辆未安装森林防火装置的；

（三）森林高火险期内，未经批准擅自进入森林高火险区活动的。

**第五十三条** 违反本条例规定，造成森林火灾，构成犯罪的，依法追究刑事责任；尚不构成犯罪的，除依照本条例第四十八条、第四十九条、第五十条、第五十一条、第五十二条的规定追究法律责任外，县级以上地方人民政府林业主管部门可以责令责任人补种树木。

# 第六章 附 则

**第五十四条** 森林消防专用车辆应当按照规定喷涂标志图案，安装警报器、标志灯具。

**第五十五条** 在中华人民共和国边境地区发生的森林火灾，按照中华人民共和国政府与有关国家政府签订的有关协定开展扑救工作；没有协定的，由中华人民共和国政府和有关国家政府协商办理。

**第五十六条** 本条例自 2009 年 1 月 1 日起施行。

# 草原防火条例

中华人民共和国国务院令

第 542 号

《草原防火条例》已经 2008 年 11 月 19 日国务院第 36 次常务会议修订通过，现将修订后的《草原防火条例》公布，自 2009 年 1 月 1 日起施行。

总理　温家宝

二〇〇八年十一月二十九日

（1993 年 10 月 5 日中华人民共和国国务院令第 130 号公布；根据 2008 年 11 月 19 日国务院第 36 次常务会议修订通过）

## 第一章　总　则

**第一条**　为了加强草原防火工作，积极预防和扑救草原火灾，保护草原，保障人民生命和财产安全，根据《中华人民共和国草原法》，制定本条例。

**第二条** 本条例适用于中华人民共和国境内草原火灾的预防和扑救。但是，林区和城市市区的除外。

**第三条** 草原防火工作实行预防为主、防消结合的方针。

**第四条** 县级以上人民政府应当加强草原防火工作的组织领导，将草原防火所需经费纳入本级财政预算，保障草原火灾预防和扑救工作的开展。

草原防火工作实行地方各级人民政府行政首长负责制和部门、单位领导负责制。

**第五条** 国务院草原行政主管部门主管全国草原防火工作。

县级以上地方人民政府确定的草原防火主管部门主管本行政区域内的草原防火工作。

县级以上人民政府其他有关部门在各自的职责范围内做好草原防火工作。

**第六条** 草原的经营使用单位和个人，在其经营使用范围内承担草原防火责任。

**第七条** 草原防火工作涉及两个以上行政区域或者涉及森林防火、城市消防的，有关地方人民政府及有关部门应当建立联防制度，确定联防区域，制定联防措施，加强信息沟通和监督检查。

**第八条** 各级人民政府或者有关部门应当加强草原防火宣传教育活动，提高公民的草原防火意识。

**第九条** 国家鼓励和支持草原火灾预防和扑救的科学技术研究，推广先进的草原火灾预防和扑救技术。

**第十条** 对在草原火灾预防和扑救工作中有突出贡献或者成绩显著的单位、个人，按照国家有关规定给予表彰和奖励。

# 第二章　草原火灾的预防

**第十一条**　国务院草原行政主管部门根据草原火灾发生的危险程度和影响范围等，将全国草原划分为极高、高、中、低四个等级的草原火险区。

**第十二条**　国务院草原行政主管部门根据草原火险区划和草原防火工作的实际需要，编制全国草原防火规划，报国务院或者国务院授权的部门批准后组织实施。

县级以上地方人民政府草原防火主管部门根据全国草原防火规划，结合本地实际，编制本行政区域的草原防火规划，报本级人民政府批准后组织实施。

**第十三条**　草原防火规划应当主要包括下列内容：

（一）草原防火规划制定的依据；

（二）草原防火组织体系建设；

（三）草原防火基础设施和装备建设；

（四）草原防火物资储备；

（五）保障措施。

**第十四条**　县级以上人民政府应当组织有关部门和单位，按照草原防火规划，加强草原火情瞭望和监测设施、防火隔离带、防火道路、防火物资储备库（站）等基础设施建设，配备草原防火交通工具、灭火器械、观察和通信器材等装备，储存必要的防火物资，建立和完善草原防火指挥信息系统。

**第十五条**　国务院草原行政主管部门负责制订全国草原火灾应急预案，报国务院批准后组织实施。

县级以上地方人民政府草原防火主管部门负责制订本行政区域的草原火灾应急预案，报本级人民政府批准后组织实施。

第十六条　草原火灾应急预案应当主要包括下列内容：

（一）草原火灾应急组织机构及其职责；

（二）草原火灾预警与预防机制；

（三）草原火灾报告程序；

（四）不同等级草原火灾的应急处置措施；

（五）扑救草原火灾所需物资、资金和队伍的应急保障；

（六）人员财产撤离、医疗救治、疾病控制等应急方案。

草原火灾根据受害草原面积、伤亡人数、受灾牲畜数量以及对城乡居民点、重要设施、名胜古迹、自然保护区的威胁程度等，分为特别重大、重大、较大、一般四个等级。具体划分标准由国务院草原行政主管部门制定。

第十七条　县级以上地方人民政府应当根据草原火灾发生规律，确定本行政区域的草原防火期，并向社会公布。

第十八条　在草原防火期内，因生产活动需要在草原上野外用火的，应当经县级人民政府草原防火主管部门批准。用火单位或者个人应当采取防火措施，防止失火。

在草原防火期内，因生活需要在草原上用火的，应当选择安全地点，采取防火措施，用火后彻底熄灭余火。

除本条第一款、第二款规定的情形外，在草原防火期内，禁止在草原上野外用火。

第十九条　在草原防火期内，禁止在草原上使用枪械狩猎。

在草原防火期内，在草原上进行爆破、勘察和施工等活动的，应当经县级以上地方人民政府草原防火主管部门批准，并采取防火措施，防止失火。

在草原防火期内，部队在草原上进行实弹演习、处置突发性事件和执行其他任务，应当采取必要的防火措施。

第二十条　在草原防火期内，在草原上作业或者行驶的机动车辆，应当安装防火装置，严防漏火、喷火和闸瓦脱落引起火灾。在草原上行驶的公共交通工具上的司机和乘务人员，应当对旅客进行草原防火宣传。司机、乘务人员和旅客不得丢弃火种。

在草原防火期内，对草原上从事野外作业的机械设备，应当采取防火措施；作业人员应当遵守防火安全操作规程，防止失火。

**第二十一条** 在草原防火期内，经本级人民政府批准，草原防火主管部门应当对进入草原、存在火灾隐患的车辆以及可能引发草原火灾的野外作业活动进行草原防火安全检查。发现存在火灾隐患的，应当告知有关责任人员采取措施消除火灾隐患；拒不采取措施消除火灾隐患的，禁止进入草原或者在草原上从事野外作业活动。

**第二十二条** 在草原防火期内，出现高温、干旱、大风等高火险天气时，县级以上地方人民政府应当将极高草原火险区、高草原火险区以及一旦发生草原火灾可能造成人身重大伤亡或者财产重大损失的区域划为草原防火管制区，规定管制期限，及时向社会公布，并报上一级人民政府备案。

在草原防火管制区内，禁止一切野外用火。对可能引起草原火灾的非野外用火，县级以上地方人民政府或者草原防火主管部门应当按照管制要求，严格管理。

进入草原防火管制区的车辆，应当取得县级以上地方人民政府草原防火主管部门颁发的草原防火通行证，并服从防火管制。

**第二十三条** 草原上的农（牧）场、工矿企业和其他生产经营单位，以及驻军单位、自然保护区管理单位和农村集体经济组织等，应当在县级以上地方人民政府的领导和草原防火主管部门的指导下，落实草原防火责任制，加强火源管理，消除火灾隐患，做好本单位的草原防火工作。

铁路、公路、电力和电信线路以及石油天然气管道等的经营单位，应当在其草原防火责任区内，落实防火措施，防止发生草原火灾。

承包经营草原的个人对其承包经营的草原，应当加强火源管理，消除火灾隐患，履行草原防火义务。

**第二十四条** 省、自治区、直辖市人民政府可以根据本地的实际情况划定重点草原防火区，报国务院草原行政主管部门备案。

重点草原防火区的县级以上地方人民政府和自然保护区管理单位，应当根据需要建立专业扑火队；有关乡（镇）、村应当建立群众扑火队。扑火队应当进行专业培训，并接受县级以上地方人民政府的指挥、调动。

**第二十五条** 县级以上人民政府草原防火主管部门和气象主管机构，应当联合建立草原火险预报预警制度。气象主管机构应当根据草原防火的实际需要，做好草原火险气象等级预报和发布工作；新闻媒体应当及时播报草原火险气象等级预报。

# 第三章　草原火灾的扑救

**第二十六条** 从事草原火情监测以及在草原上从事生产经营活动的单位和个人，发现草原火情的，应当采取必要措施，并及时向当地人民政府或者草原防火主管部门报告。其他发现草原火情的单位和个人，也应当及时向当地人民政府或者草原防火主管部门报告。

当地人民政府或者草原防火主管部门接到报告后，应当立即组织人员赶赴现场，核实火情，采取控制和扑救措施，防止草原火灾扩大。

**第二十七条** 当地人民政府或者草原防火主管部门应当及时将草原火灾发生时间、地点、估测过火面积、火情发展趋势等情况报上级人民政府及其草原防火主管部门；境外草原火灾威胁到我国草原安全的，还应当报告境外草原火灾距我国边境距离、沿边境蔓延长度以及对我国草原的威胁程度等情况。

禁止瞒报、谎报或者授意他人瞒报、谎报草原火灾。

**第二十八条** 县级以上地方人民政府应当根据草原火灾发生情况确定火灾等级，并及时启动草原火灾应急预案。特别重大、重大草原火灾以及境外草原火灾威胁到我国草原安全的，国务院草原行政主管部门应当及时启动草原火灾应急预案。

**第二十九条** 草原火灾应急预案启动后，有关地方人民政府应当按照草原火灾应急预案的要求，立即组织、指挥草原火灾的扑救工作。

扑救草原火灾应当首先保障人民群众的生命安全，有关地方人民政府应当及时动员受到草原火灾威胁的居民以及其他人员转移到安全地带，并予以妥善安置；情况紧急时，可以强行组织避灾疏散。

**第三十条** 县级以上人民政府有关部门应当按照草原火灾应急预案的分工，做好相应的草原火灾应急工作。

气象主管机构应当做好气象监测和预报工作，及时向当地人民政府提供气象信息，并根据天气条件适时实施人工增雨。

民政部门应当及时设置避难场所和救济物资供应点，开展受灾群众救助工作。

卫生主管部门应当做好医疗救护、卫生防疫工作。

铁路、交通、航空等部门应当优先运送救灾物资、设备、药物、食品。

通信主管部门应当组织提供应急通信保障。

公安部门应当及时查处草原火灾案件，做好社会治安维护工作。

**第三十一条** 扑救草原火灾应当组织和动员专业扑火队和受过专业培训的群众扑火队；接到扑救命令的单位和个人，必须迅速赶赴指定地点，投入扑救工作。

扑救草原火灾，不得动员残疾人、孕妇、未成年人和老年人参加。

需要中国人民解放军和中国人民武装警察部队参加草原火灾扑救的，依照《军队参加抢险救灾条例》的有关规定执行。

**第三十二条** 根据扑救草原火灾的需要，有关地方人民政府可以紧急征用物资、交通工具和相关的设施、设备；必要时，可以采取清除障碍物、建设隔离带、应急取水、局部交通管制等应急管理措施。

因救灾需要，紧急征用单位和个人的物资、交通工具、设施、设备或者占用其房屋、土地的，事后应当及时返还，并依照有关法律规定给予补偿。

**第三十三条** 发生特别重大、重大草原火灾的，国务院草原行政主管部门应当立即派员赶赴火灾现场，组织、协调、督导火灾扑救，并做好跨省、自治区、直辖市草原防火物资的调用工作。

发生威胁林区安全的草原火灾的，有关草原防火主管部门应当及时通知有关林业主管部门。

境外草原火灾威胁到我国草原安全的，国务院草原行政主管部门应当立即派员赶赴有关现场，组织、协调、督导火灾预防，并及时将有关情况通知外交部。

**第三十四条** 国家实行草原火灾信息统一发布制度。特别重大、重大草原火灾以及威胁到我国草原安全的境外草原火灾信息，由国务院草原行政主管部门发布；其他草原火灾信息，由省、自治区、直辖市人民政府草原防火主管部门发布。

**第三十五条** 重点草原防火区的县级以上地方人民政府可以根据草原火灾应急预案的规定，成立草原防火指挥部，行使本章规定的本级人民政府在草原火灾扑救中的职责。

# 第四章　灾后处置

**第三十六条**　草原火灾扑灭后，有关地方人民政府草原防火主管部门或者其指定的单位应当对火灾现场进行全面检查，清除余火，并留有足够的人员看守火场。经草原防火主管部门检查验收合格，看守人员方可撤出。

**第三十七条**　草原火灾扑灭后，有关地方人民政府应当组织有关部门及时做好灾民安置和救助工作，保障灾民的基本生活条件，做好卫生防疫工作，防止传染病的发生和传播。

**第三十八条**　草原火灾扑灭后，有关地方人民政府应当组织有关部门及时制定草原恢复计划，组织实施补播草籽和人工种草等技术措施，恢复草场植被，并做好畜禽检疫工作，防止动物疫病的发生。

**第三十九条**　草原火灾扑灭后，有关地方人民政府草原防火主管部门应当及时会同公安等有关部门，对火灾发生时间、地点、原因以及肇事人等进行调查并提出处理意见。

草原防火主管部门应当对受灾草原面积、受灾畜禽种类和数量、受灾珍稀野生动植物种类和数量、人员伤亡以及物资消耗和其他经济损失等情况进行统计，对草原火灾给城乡居民生活、工农业生产、生态环境造成的影响进行评估，并按照国务院草原行政主管部门的规定上报。

**第四十条**　有关地方人民政府草原防火主管部门应当严格按照草原火灾统计报表的要求，进行草原火灾统计，向上一级人民政府草原防火主管部门报告，并抄送同级公安部门、统计机构。草原火灾统计报表由国务院草原行政主管部门会同国务院公安部门制定，报国家统计部门备案。

第四十一条 对因参加草原火灾扑救受伤、致残或者死亡的人员，按照国家有关规定给予医疗、抚恤。

# 第五章 法律责任

第四十二条 违反本条例规定，县级以上人民政府草原防火主管部门或者其他有关部门及其工作人员，有下列行为之一的，由其上级行政机关或者监察机关责令改正；情节严重的，对直接负责的主管人员和其他直接责任人员依法给予处分；构成犯罪的，依法追究刑事责任：

（一）未按照规定制订草原火灾应急预案的；

（二）对不符合草原防火要求的野外用火或者爆破、勘察和施工等活动予以批准的；

（三）对不符合条件的车辆发放草原防火通行证的；

（四）瞒报、谎报或者授意他人瞒报、谎报草原火灾的；

（五）未及时采取草原火灾扑救措施的；

（六）不依法履行职责的其他行为。

第四十三条 截留、挪用草原防火资金或者侵占、挪用草原防火物资的，依照有关财政违法行为处罚处分的法律、法规进行处理；构成犯罪的，依法追究刑事责任。

第四十四条 违反本条例规定，有下列行为之一的，由县级以上地方人民政府草原防火主管部门责令停止违法行为，采取防火措施，并限期补办有关手续，对有关责任人员处 2000 元以上 5000 元以下罚款，对有关责任单位处 5000 元以上 2 万元以下罚款：

（一）未经批准在草原上野外用火或者进行爆破、勘察和施工等活动的；

（二）未取得草原防火通行证进入草原防火管制区的。

**第四十五条** 违反本条例规定，有下列行为之一的，由县级以上地方人民政府草原防火主管部门责令停止违法行为，采取防火措施，消除火灾隐患，并对有关责任人员处 200 元以上 2000 元以下罚款，对有关责任单位处 2000 元以上 2 万元以下罚款；拒不采取防火措施、消除火灾隐患的，由县级以上地方人民政府草原防火主管部门代为采取防火措施、消除火灾隐患，所需费用由违法单位或者个人承担：

（一）在草原防火期内，经批准的野外用火未采取防火措施的；

（二）在草原上作业和行驶的机动车辆未安装防火装置或者存在火灾隐患的；

（三）在草原上行驶的公共交通工具上的司机、乘务人员或者旅客丢弃火种的；

（四）在草原上从事野外作业的机械设备作业人员不遵守防火安全操作规程或者对野外作业的机械设备未采取防火措施的；

（五）在草原防火管制区内未按照规定用火的。

**第四十六条** 违反本条例规定，草原上的生产经营等单位未建立或者未落实草原防火责任制的，由县级以上地方人民政府草原防火主管部门责令改正，对有关责任单位处 5000 元以上 2 万元以下罚款。

**第四十七条** 违反本条例规定，故意或者过失引发草原火灾，构成犯罪的，依法追究刑事责任。

# 第六章 附 则

**第四十八条** 草原消防车辆应当按照规定喷涂标志图案，安装警报器、标志灯具。

**第四十九条** 本条例自 2009 年 1 月 1 日起施行。

# 附　录

## 草原火灾级别划分规定

农业部关于印发《草原火灾级别划分规定》的通知

农牧发〔2010〕7号

各省、自治区、直辖市及计划单列市农业、农机、畜牧、兽医、农垦、乡镇企业、渔业厅（局、委、办），新疆生产建设兵团办公厅，部机关各司局及有关直属单位：

《草原火灾级别划分规定》业经 2010 年 4 月 13 日农业部 2010 年第 4 次常务会议审议通过，现印发给你们，请遵照执行。

二〇一〇年四月二十日

**第一条**　为保障草原火灾的科学预防、扑救指挥及灾后处置，规范草原火灾统计报告划分级别，根据《中华人民共和国草原法》、《草原防火条例》有关规定，制定本规定。

**第二条**　发生草原火灾后，有关地方人民政府草原防火主管部门，应对受害草原面积、受灾畜禽种类和数量、受灾珍稀野生动植物种类和数量、人员伤亡、扑救支出、物资消耗及其他经济损失等情况进行统计，对草原火灾给城乡居民生活、工农业生产和生态环境造成的影响进行评估。

第三条 根据受害草原面积、伤亡人数和经济损失，将草原火灾划分为特别重大（Ⅰ级）、重大（Ⅱ级）、较大（Ⅲ级）、一般（Ⅳ级）草原火灾四个等级。

第四条 具体划分标准：

（一）特别重大（Ⅰ级）草原火灾

符合下列条件之一：

1. 受害草原面积 8000 公顷以上的；

2. 造成死亡 10 人以上，或造成死亡和重伤合计 20 人以上的；

3. 直接经济损失 500 万元以上的。

（二）重大（Ⅱ级）草原火灾

符合下列条件之一：

1. 受害草原面积 5000 公顷以上 8000 公顷以下的；

2. 造成死亡 3 人以上 10 人以下，或造成死亡和重伤合计 10 人以上 20 人以下的；

3. 直接经济损失 300 万元以上 500 万元以下的。

（三）较大（Ⅲ级）草原火灾

符合下列条件之一：

1. 受害草原面积 1000 公顷以上 5000 公顷以下的；

2. 造成死亡 3 人以下，或造成重伤 3 人以上 10 人以下的；

3. 直接经济损失 50 万元以上 300 万元以下的。

（四）一般（Ⅳ级）草原火灾

符合下列条件之一：

1. 受害草原面积 10 公顷以上 1000 公顷以下的；

2. 造成重伤 1 人以上 3 人以下的；

3. 直接经济损失 5000 元以上 50 万元以下的。

本条表述中，"以上"含本数，"以下"不含本数。

**第五条** 直接经济损失是指因草原火灾直接烧毁的草原牧草（饲草料）、牲畜、建设设施、棚圈、家产和其他财物损失（按火灾发生时市场价折算）。

**第六条** 本规定由农业部草原防火指挥部办公室负责解释。

**第七条** 本规定自发布之日起实行。

# 烟花爆竹安全管理条例

中华人民共和国国务院令

第 455 号

《烟花爆竹安全管理条例》已经 2006 年 1 月 11 日国务院第 121 次常务会议通过，现予公布，自公布之日起施行。

总理　温家宝

二〇〇六年一月二十一日

（2006 年 1 月 11 日国务院第 121 次常务会议通过；根据 2016 年 1 月 13 日国务院第 119 次常务会议通过的《国务院关于修改部分行政法规的决定》修订）

## 第一章　总　则

**第一条**　为了加强烟花爆竹安全管理，预防爆炸事故发生，保障公共安全和人身、财产的安全，制定本条例。

**第二条**　烟花爆竹的生产、经营、运输和燃放，适用本条例。

本条例所称烟花爆竹，是指烟花爆竹制品和用于生产烟花爆竹的民用黑火药、烟火药、引火线等物品。

**第三条** 国家对烟花爆竹的生产、经营、运输和举办焰火晚会以及其他大型焰火燃放活动，实行许可证制度。

未经许可，任何单位或者个人不得生产、经营、运输烟花爆竹，不得举办焰火晚会以及其他大型焰火燃放活动。

**第四条** 安全生产监督管理部门负责烟花爆竹的安全生产监督管理；公安部门负责烟花爆竹的公共安全管理；质量监督检验部门负责烟花爆竹的质量监督和进出口检验。

**第五条** 公安部门、安全生产监督管理部门、质量监督检验部门、工商行政管理部门应当按照职责分工，组织查处非法生产、经营、储存、运输、邮寄烟花爆竹以及非法燃放烟花爆竹的行为。

**第六条** 烟花爆竹生产、经营、运输企业和焰火晚会以及其他大型焰火燃放活动主办单位的主要负责人，对本单位的烟花爆竹安全工作负责。

烟花爆竹生产、经营、运输企业和焰火晚会以及其他大型焰火燃放活动主办单位应当建立健全安全责任制，制定各项安全管理制度和操作规程，并对从业人员定期进行安全教育、法制教育和岗位技术培训。

中华全国供销合作总社应当加强对本系统企业烟花爆竹经营活动的管理。

**第七条** 国家鼓励烟花爆竹生产企业采用提高安全程度和提升行业整体水平的新工艺、新配方和新技术。

# 第二章　生产安全

**第八条** 生产烟花爆竹的企业，应当具备下列条件：

（一）符合当地产业结构规划；

（二）基本建设项目经过批准；

（三）选址符合城乡规划，并与周边建筑、设施保持必要的安全距离；

（四）厂房和仓库的设计、结构和材料以及防火、防爆、防雷、防静电等安全设备、设施符合国家有关标准和规范；

（五）生产设备、工艺符合安全标准；

（六）产品品种、规格、质量符合国家标准；

（七）有健全的安全生产责任制；

（八）有安全生产管理机构和专职安全生产管理人员；

（九）依法进行了安全评价；

（十）有事故应急救援预案、应急救援组织和人员，并配备必要的应急救援器材、设备；

（十一）法律、法规规定的其他条件。

**第九条**　生产烟花爆竹的企业，应当在投入生产前向所在地设区的市人民政府安全生产监督管理部门提出安全审查申请，并提交能够证明符合本条例第八条规定条件的有关材料。设区的市人民政府安全生产监督管理部门应当自收到材料之日起 20 日内提出安全审查初步意见，报省、自治区、直辖市人民政府安全生产监督管理部门审查。省、自治区、直辖市人民政府安全生产监督管理部门应当自受理申请之日起 45 日内进行安全审查，对符合条件的，核发《烟花爆竹安全生产许可证》；对不符合条件的，应当说明理由。

**第十条**　生产烟花爆竹的企业为扩大生产能力进行基本建设或者技术改造的，应当依照本条例的规定申请办理安全生产许可证。

生产烟花爆竹的企业，持《烟花爆竹安全生产许可证》到工商行政管理部门办理登记手续后，方可从事烟花爆竹生产活动。

**第十一条**　生产烟花爆竹的企业，应当按照安全生产许可证核定的产品种类进行生产，生产工序和生产作业应当执行有关国家标准和行业标准。

**第十二条** 生产烟花爆竹的企业，应当对生产作业人员进行安全生产知识教育，对从事药物混合、造粒、筛选、装药、筑药、压药、切引、搬运等危险工序的作业人员进行专业技术培训。从事危险工序的作业人员经设区的市人民政府安全生产监督管理部门考核合格，方可上岗作业。

**第十三条** 生产烟花爆竹使用的原料，应当符合国家标准的规定。生产烟花爆竹使用的原料，国家标准有用量限制的，不得超过规定的用量。不得使用国家标准规定禁止使用或者禁忌配伍的物质生产烟花爆竹。

**第十四条** 生产烟花爆竹的企业，应当按照国家标准的规定，在烟花爆竹产品上标注燃放说明，并在烟花爆竹包装物上印制易燃易爆危险物品警示标志。

**第十五条** 生产烟花爆竹的企业，应当对黑火药、烟火药、引火线的保管采取必要的安全技术措施，建立购买、领用、销售登记制度，防止黑火药、烟火药、引火线丢失。黑火药、烟火药、引火线丢失的，企业应当立即向当地安全生产监督管理部门和公安部门报告。

# 第三章 经营安全

**第十六条** 烟花爆竹的经营分为批发和零售。

从事烟花爆竹批发的企业和零售经营者的经营布点，应当经安全生产监督管理部门审批。

禁止在城市市区布设烟花爆竹批发场所；城市市区的烟花爆竹零售网点，应当按照严格控制的原则合理布设。

**第十七条** 从事烟花爆竹批发的企业，应当具备下列条件：

（一）具有企业法人条件；

（二）经营场所与周边建筑、设施保持必要的安全距离；

（三）有符合国家标准的经营场所和储存仓库；

（四）有保管员、仓库守护员；

（五）依法进行了安全评价；

（六）有事故应急救援预案、应急救援组织和人员，并配备必要的应急救援器材、设备；

（七）法律、法规规定的其他条件。

**第十八条** 烟花爆竹零售经营者，应当具备下列条件：

（一）主要负责人经过安全知识教育；

（二）实行专店或者专柜销售，设专人负责安全管理；

（三）经营场所配备必要的消防器材，张贴明显的安全警示标志；

（四）法律、法规规定的其他条件。

**第十九条** 申请从事烟花爆竹批发的企业，应当向所在地设区的市人民政府安全生产监督管理部门提出申请，并提供能够证明符合本条例第十七条规定条件的有关材料。受理申请的安全生产监督管理部门应当自受理申请之日起 30 日内对提交的有关材料和经营场所进行审查，对符合条件的，核发《烟花爆竹经营（批发）许可证》；对不符合条件的，应当说明理由。

申请从事烟花爆竹零售的经营者，应当向所在地县级人民政府安全生产监督管理部门提出申请，并提供能够证明符合本条例第十八条规定条件的有关材料。受理申请的安全生产监督管理部门应当自受理申请之日起 20 日内对提交的有关材料和经营场所进行审查，对符合条件的，核发《烟花爆竹经营（零售）许可证》；对不符合条件的，应当说明理由。

《烟花爆竹经营（零售）许可证》，应当载明经营负责人、经营场所地址、经营期限、烟花爆竹种类和限制存放量。

第二十条 从事烟花爆竹批发的企业，应当向生产烟花爆竹的企业采购烟花爆竹，向从事烟花爆竹零售的经营者供应烟花爆竹。从事烟花爆竹零售的经营者，应当向从事烟花爆竹批发的企业采购烟花爆竹。

从事烟花爆竹批发的企业、零售经营者不得采购和销售非法生产、经营的烟花爆竹。

从事烟花爆竹批发的企业，不得向从事烟花爆竹零售的经营者供应按照国家标准规定应由专业燃放人员燃放的烟花爆竹。从事烟花爆竹零售的经营者，不得销售按照国家标准规定应由专业燃放人员燃放的烟花爆竹。

第二十一条 生产、经营黑火药、烟火药、引火线的企业，不得向未取得烟花爆竹安全生产许可的任何单位或者个人销售黑火药、烟火药和引火线。

# 第四章  运输安全

第二十二条 经由道路运输烟花爆竹的，应当经公安部门许可。

经由铁路、水路、航空运输烟花爆竹的，依照铁路、水路、航空运输安全管理的有关法律、法规、规章的规定执行。

第二十三条 经由道路运输烟花爆竹的，托运人应当向运达地县级人民政府公安部门提出申请，并提交下列有关材料：

（一）承运人从事危险货物运输的资质证明；

（二）驾驶员、押运员从事危险货物运输的资格证明；

（三）危险货物运输车辆的道路运输证明；

（四）托运人从事烟花爆竹生产、经营的资质证明；

（五）烟花爆竹的购销合同及运输烟花爆竹的种类、规格、数量；

（六）烟花爆竹的产品质量和包装合格证明；

（七）运输车辆牌号、运输时间、起始地点、行驶路线、经停地点。

**第二十四条** 受理申请的公安部门应当自受理申请之日起3日内对提交的有关材料进行审查，对符合条件的，核发《烟花爆竹道路运输许可证》；对不符合条件的，应当说明理由。

《烟花爆竹道路运输许可证》应当载明托运人、承运人、一次性运输有效期限、起始地点、行驶路线、经停地点、烟花爆竹的种类、规格和数量。

**第二十五条** 经由道路运输烟花爆竹的，除应当遵守《中华人民共和国道路交通安全法》外，还应当遵守下列规定：

（一）随车携带《烟花爆竹道路运输许可证》；

（二）不得违反运输许可事项；

（三）运输车辆悬挂或者安装符合国家标准的易燃易爆危险物品警示标志；

（四）烟花爆竹的装载符合国家有关标准和规范；

（五）装载烟花爆竹的车厢不得载人；

（六）运输车辆限速行驶，途中经停必须有专人看守；

（七）出现危险情况立即采取必要的措施，并报告当地公安部门。

**第二十六条** 烟花爆竹运达目的地后，收货人应当在3日内将《烟花爆竹道路运输许可证》交回发证机关核销。

**第二十七条** 禁止携带烟花爆竹搭乘公共交通工具。

禁止邮寄烟花爆竹，禁止在托运的行李、包裹、邮件中夹带烟花爆竹。

# 第五章 燃放安全

**第二十八条** 燃放烟花爆竹，应当遵守有关法律、法规和规章的规定。县级以上地方人民政府可以根据本行政区域的实际情况，确定限制或者禁止燃放烟花爆竹的时间、地点和种类。

第二十九条　各级人民政府和政府有关部门应当开展社会宣传活动，教育公民遵守有关法律、法规和规章，安全燃放烟花爆竹。

广播、电视、报刊等新闻媒体，应当做好安全燃放烟花爆竹的宣传、教育工作。

未成年人的监护人应当对未成年人进行安全燃放烟花爆竹的教育。

第三十条　禁止在下列地点燃放烟花爆竹：

（一）文物保护单位；

（二）车站、码头、飞机场等交通枢纽以及铁路线路安全保护区内；

（三）易燃易爆物品生产、储存单位；

（四）输变电设施安全保护区内；

（五）医疗机构、幼儿园、中小学校、敬老院；

（六）山林、草原等重点防火区；

（七）县级以上地方人民政府规定的禁止燃放烟花爆竹的其他地点。

第三十一条　燃放烟花爆竹，应当按照燃放说明燃放，不得以危害公共安全和人身、财产安全的方式燃放烟花爆竹。

第三十二条　举办焰火晚会以及其他大型焰火燃放活动，应当按照举办的时间、地点、环境、活动性质、规模以及燃放烟花爆竹的种类、规格和数量，确定危险等级，实行分级管理。分级管理的具体办法，由国务院公安部门规定。

第三十三条　申请举办焰火晚会以及其他大型焰火燃放活动，主办单位应当按照分级管理的规定，向有关人民政府公安部门提出申请，并提交下列有关材料：

（一）举办焰火晚会以及其他大型焰火燃放活动的时间、地点、环境、活动性质、规模；

（二）燃放烟花爆竹的种类、规格、数量；

（三）燃放作业方案；

（四）燃放作业单位、作业人员符合行业标准规定条件的证明。

受理申请的公安部门应当自受理申请之日起 20 日内对提交的有关材料进行审查，对符合条件的，核发《焰火燃放许可证》；对不符合条件的，应当说明理由。

**第三十四条** 焰火晚会以及其他大型焰火燃放活动燃放作业单位和作业人员，应当按照焰火燃放安全规程和经许可的燃放作业方案进行燃放作业。

**第三十五条** 公安部门应当加强对危险等级较高的焰火晚会以及其他大型焰火燃放活动的监督检查。

# 第六章 法律责任

**第三十六条** 对未经许可生产、经营烟花爆竹制品，或者向未取得烟花爆竹安全生产许可的单位或者个人销售黑火药、烟火药、引火线的，由安全生产监督管理部门责令停止非法生产、经营活动，处 2 万元以上 10 万元以下的罚款，并没收非法生产、经营的物品及违法所得。

对未经许可经由道路运输烟花爆竹的，由公安部门责令停止非法运输活动，处 1 万元以上 5 万元以下的罚款，并没收非法运输的物品及违法所得。

非法生产、经营、运输烟花爆竹，构成违反治安管理行为的，依法给予治安管理处罚；构成犯罪的，依法追究刑事责任。

**第三十七条** 生产烟花爆竹的企业有下列行为之一的，由安全生产监督管理部门责令限期改正，处 1 万元以上 5 万元以下的罚款；逾期不改正的，责令停产停业整顿，情节严重的，吊销安全生产许可证：

（一）未按照安全生产许可证核定的产品种类进行生产的；

（二）生产工序或者生产作业不符合有关国家标准、行业标准的；

（三）雇佣未经设区的市人民政府安全生产监督管理部门考核合格的人员从事危险工序作业的；

（四）生产烟花爆竹使用的原料不符合国家标准规定的，或者使用的原料超过国家标准规定的用量限制的；

（五）使用按照国家标准规定禁止使用或者禁忌配伍的物质生产烟花爆竹的；

（六）未按照国家标准的规定在烟花爆竹产品上标注燃放说明，或者未在烟花爆竹的包装物上印制易燃易爆危险物品警示标志的。

**第三十八条** 从事烟花爆竹批发的企业向从事烟花爆竹零售的经营者供应非法生产、经营的烟花爆竹，或者供应按照国家标准规定应由专业燃放人员燃放的烟花爆竹的，由安全生产监督管理部门责令停止违法行为，处2万元以上10万元以下的罚款，并没收非法经营的物品及违法所得；情节严重的，吊销烟花爆竹经营许可证。

从事烟花爆竹零售的经营者销售非法生产、经营的烟花爆竹，或者销售按照国家标准规定应由专业燃放人员燃放的烟花爆竹的，由安全生产监督管理部门责令停止违法行为，处1000元以上5000元以下的罚款，并没收非法经营的物品及违法所得；情节严重的，吊销烟花爆竹经营许可证。

**第三十九条** 生产、经营、使用黑火药、烟火药、引火线的企业，丢失黑火药、烟火药、引火线未及时向当地安全生产监督管理部门和公安部门报告的，由公安部门对企业主要负责人处5000元以上2万元以下的罚款，对丢失的物品予以追缴。

**第四十条** 经由道路运输烟花爆竹，有下列行为之一的，由公安部门责令改正，处 200 元以上 2000 元以下的罚款：

（一）违反运输许可事项的；

（二）未随车携带《烟花爆竹道路运输许可证》的；

（三）运输车辆没有悬挂或者安装符合国家标准的易燃易爆危险物品警示标志的；

（四）烟花爆竹的装载不符合国家有关标准和规范的；

（五）装载烟花爆竹的车厢载人的；

（六）超过危险物品运输车辆规定时速行驶的；

（七）运输车辆途中经停没有专人看守的；

（八）运达目的地后，未按规定时间将《烟花爆竹道路运输许可证》交回发证机关核销的。

**第四十一条** 对携带烟花爆竹搭乘公共交通工具，或者邮寄烟花爆竹以及在托运的行李、包裹、邮件中夹带烟花爆竹的，由公安部门没收非法携带、邮寄、夹带的烟花爆竹，可以并处 200 元以上 1000 元以下的罚款。

**第四十二条** 对未经许可举办焰火晚会以及其他大型焰火燃放活动，或者焰火晚会以及其他大型焰火燃放活动燃放作业单位和作业人员违反焰火燃放安全规程、燃放作业方案进行燃放作业的，由公安部门责令停止燃放，对责任单位处 1 万元以上 5 万元以下的罚款。

在禁止燃放烟花爆竹的时间、地点燃放烟花爆竹，或者以危害公共安全和人身、财产安全的方式燃放烟花爆竹的，由公安部门责令停止燃放，处 100 元以上 500 元以下的罚款；构成违反治安管理行为的，依法给予治安管理处罚。

**第四十三条** 对没收的非法烟花爆竹以及生产、经营企业弃置的废旧烟花爆竹，应当就地封存，并由公安部门组织销毁、处置。

**第四十四条** 安全生产监督管理部门、公安部门、质量监督检验部门、工商行政管理部门的工作人员，在烟花爆竹安全监管工作中滥用职权、玩忽职守、徇私舞弊，构成犯罪的，依法追究刑事责任；尚不构成犯罪的，依法给予行政处分。

# 第七章　附　则

**第四十五条**　《烟花爆竹安全生产许可证》、《烟花爆竹经营（批发）许可证》、《烟花爆竹经营（零售）许可证》，由国务院安全生产监督管理部门规定式样；《烟花爆竹道路运输许可证》、《焰火燃放许可证》，由国务院公安部门规定式样。

**第四十六条**　本条例自公布之日起施行。

# 烟草行业消防安全管理规定

（1992 年 9 月 9 日国家烟草专卖局、公安部第 1 号令发布）

## 第一章　总　则

第一条　为了加强烟草行业的消防安全管理，预防火灾事故的发生，根据《中华人民共和国消防条例》及其《实施细则》的有关规定，制定本规定。

第二条　烟草行业消防工作必须贯彻"预防为主，防消结合"的方针，实行"谁主管谁负责"的原则。

第三条　公安消防监督机构应当将烟草生产、仓储企业作为消防保卫重点，督促其落实消防安全措施。

第四条　本规定适用于烟草行业各卷烟（雪茄烟）厂、复烤厂以及各类仓库。

## 第二章　组织管理

第五条　企业法定代表人是本单位（行业内企业、事业单位，以下同）防火安全工作的负责人，全面负责本单位的消防安全管理工作。

**第六条** 防火管理人员的配备：各卷烟（雪茄烟）厂、复烤厂、烟草分公司应配备专（兼）职二人，县烟草公司应配备专（兼）职一人，车间、班组、库房应配备专职或兼职一人。专（兼）职防火管理人员，应协助本单位领导抓好防火安全工作。

**第七条** 各企业必须建立义务消防队，义务消防队员应占职工总数的20%以上，百人以下的企业不少于职工总数的50%；卷烟年生产量在二十万箱以上，复烤烟叶在二万吨以上，贮存物资价值在一亿元以上的距离当地公安消防队（站）较远的企业应按照《企业事业单位专职消防组织条例》的规定，建立专职消防队，队员不少于18人。

**第八条** 各单位应当制定下列消防安全管理制度：

（一）消防工作会议制度；

（二）防火宣传教育制度；

（三）火源管理制度；

（四）电源管理制度；

（五）消防设施、器材装备维修管理制度；

（六）车间、库房、班组防火管理制度；

（七）易燃、易爆和化学危险物品管理制度；

（八）重点部位防火管理制度；

（九）火灾隐患整改和立、销案制度；

（十）协助公安消防监督机构进行火灾事故调查分析和处理制度；

（十一）检查评比和奖惩制度；

（十二）外来施工单位防火管理制度。

**第九条** 各单位应当制定下列人员消防职责：

（一）单位主管领导防火管理职责；

（二）单位分管领导防火管理职责；

（三）保卫处、科、股长管理职责；

（四）专（兼）职防火管理人员职责；

（五）专职消防队长、指导员职责；

（六）专职消防队员职责；

（七）义务消防队员职责；

（八）车间、库房、科（室）负责人防火管理职责；

（九）班、组长防火安全职责；

（十）特殊岗位工作人员防火安全职责。

**第十条**　各单位应当把防火安全教育纳入到职工教育计划，做到内容、人员、时间三落实。对新上岗的各类人员，有针对性地进行专项防火教育和岗位培训。经考核合格后，方准上岗作业。

# 第三章　防火检查

**第十一条**　各省级公司每年至少对本系统进行一次全面防火安全检查；各企业每月进行一次全面防火安全检查；车间、部门、仓库对防火责任区每周应不少于一次防火安全检查；班、组每天班前和班后应当对所属机台、库房和防火责任区进行防火安全检查。

**第十二条**　各企业应当配备足够的警卫力量，严格值班、检查、巡逻制度，落实防范措施。

**第十三条**　检查发现的火险隐患，应逐条登记存档，并填写火险隐患整改通知书，被检单位（集体）应当认真整改。

**第十四条**　一般火险隐患和重大火险隐患整改率应分别达到90%和100%。火险隐患整改要落实计划、落实资金、落实负责人，并规定整改时限。

# 第四章　建筑防火

**第十五条**　新建、扩建、改建厂房和仓库等工程时，其防火设计应当符合国家《建筑设计防火规范》等技术法规的规定，报公安消防监督机构审核。工程竣工后，主管部门应会同公安消防监督机构对消防工程进行验收。

第十六条　工厂、仓库区内不得搭建临时建筑，如因生产、储存确需搭建时，应当经当地公安消防监督机构审批。

第十七条　耐火等级为一、二级的厂房和库房，内部装修应采用不燃或阻燃材料，厂房、库房内的吊顶、隔墙不准采用可燃材料。

第十八条　消防通道、疏散楼梯、电梯间内禁止堆放物品，安全出口必须保持畅通。

第十九条　厂区主要通道宽度不小于 8 米，一般通道不小于 4 米，道路上空的架栈桥等障碍物，其净高不应低于 4 米，不得在道路上堆放物品、停放车辆、搭建建筑物，必须保证消防通道畅通。

第二十条　库房内成品、半成品、原辅材料堆放要整齐，并分类、分垛储存。每垛占地面积不宜大于 100 米 2，垛与垛间距不小于 1 米，垛与梁、柱的间距不小于 0.3 米，垛与墙间距不小于 0.5 米。垛与用于商品养护的电器设备间距不小于 1 米，主要通道宽度不小于 2 米。每个卷烟堆垛垛高不得超过八件，烤烟原烟堆垛不得超过六包，复烤把烟不得超过七包。

第二十一条　露天、半露天烟叶堆场的最大储量不得超过20000 吨，超过的应分场堆放。分场堆物，堆场与堆场之间不应小于 40 米，每垛占地面积一般不超过 100 米 2，堆高不宜超过 5 米，堆垛与堆垛之间不应小于 1.5 米，五垛为一组，组与组之间不应小于 15 米。半露天库房支架不得使用易燃材料。

第二十二条　厂区、库房、车间、仓库的重点防火部位，防火标志要醒目。占地面积超过 500 米 2 或总建筑面积超过 1000 米 2 的库房应设火灾自动报警装置。各厂及大型卷烟和烟叶仓库附近有公安消防队的，应当设置与其直通的报警电话或其他通讯工具，并保障通讯畅通。

# 第五章　电源管理

**第二十三条**　车间、仓库内严禁乱拉、乱接电源线路，不得随意增设电器设备，高、低压线不得架设在同一根电线杆上。

**第二十四条**　车间、库房的电源线路、电器设备应保持清洁，配备箱（板）不得有积尘，立式配电柜周围一米内不准堆放物品，应保持干燥并挂牌专人管理。各电气设备的导线、接点、开关不得有断线、老化、裸露、破损。禁止使用不合格的保险装置，电气设施严禁超负荷运行。

**第二十五条**　车间、库房的照明设备悬挂应当牢固。发酵房照明灯具应安装在墙壁四周。香精、油料库必须安装防爆灯。贮丝、烘支房和各库房内不得使用 60 瓦以上的白炽灯，线路应采用暗管敷设，开关应安装在室外，做到人走灯灭，并有断电指示灯。库内不准使用电热器具和家用电器，不准用可燃材料做灯罩。

**第二十六条**　厂区、仓库的电气装置、电源线路必须符合国家现行的有关电气规范的规定。车间电源线路应当安装在架线支架内，与各设备连接的动力线必须采用穿管连接方式。库房的电源线路应架设在库外，引进库房内的线路，必须装置在金属或非燃塑料管内。线路和灯头应安装在库房通道上方，距堆垛水平距离不应小于 0.5 米，严禁在堆垛上方架设电源线路，严禁在库房门顶内敷设配电线路。

**第二十七条**　库房内不准架设临时线路。库区的电源应设总闸、每个库房应当在库房外单独安装开关箱，并有防潮、防雨等保护措施。

第二十八条　电器设备必须有良好的接零或接地保护装置。仓库电器设备的周围和架空线路下方禁止堆放物品。提升、码垛等机械设备易产生火花的部位，应当设置防护罩。

第二十九条　厂区、仓库必须按照国家有关防雷设计安装规范的规定，设置防雷装置，并定期检测，保证有效。

第三十条　配、发、变电房内，严禁存放各种油料、酒精等易燃物和堆放其他物品。

第三十一条　电器设备必须由持合格证的电工进行安装、检查和维修保养。操作时必须严格遵守各项操作规程。

第三十二条　配、发、变电房内严禁明火作业和使用电炉。室内通风要保持良好。

# 第六章　火源管理

第三十三条　厂区、库区禁止流动吸烟。吸烟室耐火等级不得低于二级，室内要通风良好。吸烟室周围 30 米内不得存放易燃和可燃物品，吸烟室应有专人管理。

第三十四条　库房内严禁使用明火，生产区、库房外、车间内动用明火作业时，必须遵守下列规定：

（一）临时动火必须向保卫处、科（股）申请办理临时动火证，方可动火。并有防范措施和专人管理，时间一般不超过二十四小时。

（二）固定动火须经保卫处、科（股）防火安全审核同意，报经企业分管领导批准后，办理固定动火证。应明确动火人防火职责，采取安全措施和配备相应灭火器具，主管安全部门应当经常检查和加强管理。

第三十五条　厂区和车间内的蒸汽管道应当定期清扫，保持清洁，并用难燃材料保温，其保温厚度以表面不超过50℃为宜。车间内的暖气包、管、片等0.5米内不得堆放易燃可燃物品。车间、库房内的送气、通风、送料、除尘、空调管道应当分开安装并安装阻火阀，管道应采用非燃烧材料。

第三十六条　车间、过道内严禁存放各种油料、香精、酒类等易燃物。香精、酒类等易燃液体不得与卷烟原辅材料、成品混同储存。

第三十七条　发酵房、真空回潮、复烤机要严格控制温度。复烤机房排气管周围剩余烟叶，每周清扫不少于一次。各种纸箱、盒应使用蒸汽或电烘烤，严禁使用火墙等明火烘烤。烟叶堆垛应定期检查，防止炭化自燃。

第三十八条　进入库区的机动车辆，必须安装防火罩。排气管的一侧不准靠近物品堆垛。在库区作业的电瓶车、铲车、吊车等必须安装防止喷火或打出火花的安全装置，各种机动车辆装卸物品后，不准在库区、库房、货场内停放、修理和加油。

第三十九条　厂区、仓库、露天堆场周围100米内禁止燃放烟花、爆竹。露天堆场周围的杂草等可燃物应经常进行清除。

# 第七章　消防设施和器材管理

第四十条　厂房、库房应按国家《建筑灭火器配置设计规范》及有关规定设置消防设施和配备消防器材。消防供水不足的厂区、库区必须修建消防池、水井或水塔，确保消防用水。

第四十一条　消火栓应有明显的标志，室外消火栓周围20米内不准堆放物资和停放车辆。

第四十二条　各种消防器材要分布合理，摆放在便于取用，通风良好的地方。室外消防器材应摆放在防雨、防晒的箱、架、柜内，严禁与油类、酸、碱等有腐蚀性的化学物品接触。

**第四十三条** 消防装备、器材应指定专人管理、维护保养和更换并挂牌管理，任何人不准挪作他用，确保完好能用。地处寒区的企业，寒冷季节应对消防设施、设备器材采取防冻措施。

**第四十四条** 消防器材维修、更换、添置经费，应优先给予保证。各单位每年应根据消防设施、装置、器材使用情况和火灾隐患整改需要，进行一次消防经费预结算。消防经费不得擅自挪用。

# 第八章 奖 惩

**第四十五条** 对认真执行本规定，在消防工作中作出显著成绩的单位（集体）和个人，由本单位或上级主管部门给予表彰、奖励。

**第四十六条** 单位（集体）表彰、奖励条件：

（一）单位领导和全体职工重视消防工作，全年未发生火灾事故的；

（二）防火组织机构健全，防火措施落实，做出显著成绩的；

（三）重视消防宣传教育，严格执行消防条例和各种消防法规，职工群众的防火安全意识明显提高的；

（四）消防设施、装备和器材完善，保证扑救火灾的需要。

凡发生火灾事故的县级以下企业（含县级）不得评为烟草总公司和省级公司的先进单位。发生重大火灾事故的省级公司不得评为总公司先进单位。

个人表彰、奖励条件：

（一）热爱消防工作，积极参加防火、灭火训练，成绩优异，工作表现突出的；

（二）模范执行防火制度和岗位防火责任制，在预防火灾工作中作出贡献的；

（三）发现和消除隐患，表现突出的；

（四）及时发现和扑救火灾，避免了重大损失的。

第四十七条 凡违反本规定的单位主管负责人和直接责任人员，根据情节轻重，由本单位或上级主管部门给予行政处分；构成违反治安管理行为和违反其他有关规定的，由公安机关依照《治安管理处罚条例》和其他有关规定予以处理，构成犯罪的，依法追究刑事责任。

# 第九章 附 则

第四十八条 各单位消防安全管理除执行本规定外，应当符合国家现行的有关法律、法规等有关规定。

第四十九条 各省、自治区、直辖市烟草专卖局、公安厅（局）可根据本规定制定具体实施管理办法，并报国家烟草专卖局和公安部备案。

第五十条 本规定由国家烟草专卖局、公安部负责解释。

第五十一条 本规定自发布之日起施行。

# 建设工程消防监督管理规定

中华人民共和国公安部令

第 119 号

《公安部关于修改〈建设工程消防监督管理规定〉的决定》已经 2012 年 7 月 6 日公安部部长办公会议通过，现予发布，自 2012 年 11 月 1 日起施行。

公安部部长

二〇一二年七月十七日

（2009 年 4 月 30 日中华人民共和国公安部令第 106 号发布；根据 2012 年 7 月 17 日《公安部关于修改〈建设工程消防监督管理规定〉的决定》修订）

## 第一章 总 则

**第一条** 为了加强建设工程消防监督管理，落实建设工程消防设计、施工质量和安全责任，规范消防监督管理行为，依据《中华人民共和国消防法》、《建设工程质量管理条例》，制定本规定。

第二条　本规定适用于新建、扩建、改建（含室内外装修、建筑保温、用途变更）等建设工程的消防监督管理。

本规定不适用住宅室内装修、村民自建住宅、救灾和其他非人员密集场所的临时性建筑的建设活动。

第三条　建设、设计、施工、工程监理等单位应当遵守消防法规、建设工程质量管理法规和国家消防技术标准，对建设工程消防设计、施工质量和安全负责。

公安机关消防机构依法实施建设工程消防设计审核、消防验收和备案、抽查，对建设工程进行消防监督。

第四条　除省、自治区人民政府公安机关消防机构外，县级以上地方人民政府公安机关消防机构承担辖区建设工程的消防设计审核、消防验收和备案抽查工作。具体分工由省级公安机关消防机构确定，并报公安部消防局备案。

跨行政区域的建设工程消防设计审核、消防验收和备案抽查工作，由其共同的上一级公安机关消防机构指定管辖。

第五条　公安机关消防机构实施建设工程消防监督管理，应当遵循公正、严格、文明、高效的原则。

第六条　建设工程的消防设计、施工必须符合国家工程建设消防技术标准。

新颁布的国家工程建设消防技术标准实施之前，建设工程的消防设计已经公安机关消防机构审核合格或者备案的，分别按原审核意见或者备案时的标准执行。

第七条　公安机关消防机构对建设工程进行消防设计审核、消防验收和备案抽查，应当由两名以上执法人员实施。

# 第二章　消防设计、施工的质量责任

第八条　建设单位不得要求设计、施工、工程监理等有关单位和人员违反消防法规和国家工程建设消防技术标准，降低建设工程消防设计、施工质量，并承担下列消防设计、施工的质量责任：

（一）依法申请建设工程消防设计审核、消防验收，依法办理消防设计和竣工验收消防备案手续并接受抽查；建设工程内设置的公众聚集场所未经消防安全检查或者经检查不符合消防安全要求的，不得投入使用、营业；

（二）实行工程监理的建设工程，应当将消防施工质量一并委托监理；

（三）选用具有国家规定资质等级的消防设计、施工单位；

（四）选用合格的消防产品和满足防火性能要求的建筑构件、建筑材料及装修材料；

（五）依法应当经消防设计审核、消防验收的建设工程，未经审核或者审核不合格的，不得组织施工；未经验收或者验收不合格的，不得交付使用。

第九条　设计单位应当承担下列消防设计的质量责任：

（一）根据消防法规和国家工程建设消防技术标准进行消防设计，编制符合要求的消防设计文件，不得违反国家工程建设消防技术标准强制性要求进行设计；

（二）在设计中选用的消防产品和具有防火性能要求的建筑构件、建筑材料、装修材料，应当注明规格、性能等技术指标，其质量要求必须符合国家标准或者行业标准；

（三）参加建设单位组织的建设工程竣工验收，对建设工程消防设计实施情况签字确认。

**第十条** 施工单位应当承担下列消防施工的质量和安全责任：

（一）按照国家工程建设消防技术标准和经消防设计审核合格或者备案的消防设计文件组织施工，不得擅自改变消防设计进行施工，降低消防施工质量；

（二）查验消防产品和具有防火性能要求的建筑构件、建筑材料及装修材料的质量，使用合格产品，保证消防施工质量；

（三）建立施工现场消防安全责任制度，确定消防安全负责人。加强对施工人员的消防教育培训，落实动火、用电、易燃可燃材料等消防管理制度和操作规程。保证在建工程竣工验收前消防通道、消防水源、消防设施和器材、消防安全标志等完好有效。

**第十一条** 工程监理单位应当承担下列消防施工的质量监理责任：

（一）按照国家工程建设消防技术标准和经消防设计审核合格或者备案的消防设计文件实施工程监理；

（二）在消防产品和具有防火性能要求的建筑构件、建筑材料、装修材料施工、安装前，核查产品质量证明文件，不得同意使用或者安装不合格的消防产品和防火性能不符合要求的建筑构件、建筑材料、装修材料；

（三）参加建设单位组织的建设工程竣工验收，对建设工程消防施工质量签字确认。

**第十二条** 社会消防技术服务机构应当依法设立，社会消防技术服务工作应当依法开展。为建设工程消防设计、竣工验收提供图纸审查、安全评估、检测等消防技术服务的机构和人员，应当依法取得相应的资质、资格，按照法律、行政法规、国家标准、行业标准和执业准则提供消防技术服务，并对出具的审查、评估、检验、检测意见负责。

# 第三章　消防设计审核和消防验收

**第十三条**　对具有下列情形之一的人员密集场所，建设单位应当向公安机关消防机构申请消防设计审核，并在建设工程竣工后向出具消防设计审核意见的公安机关消防机构申请消防验收：

（一）建筑总面积大于二万平方米的体育场馆、会堂，公共展览馆、博物馆的展示厅；

（二）建筑总面积大于一万五千平方米的民用机场航站楼、客运车站候车室、客运码头候船厅；

（三）建筑总面积大于一万平方米的宾馆、饭店、商场、市场；

（四）建筑总面积大于二千五百平方米的影剧院，公共图书馆的阅览室，营业性室内健身、休闲场馆，医院的门诊楼，大学的教学楼、图书馆、食堂，劳动密集型企业的生产加工车间，寺庙、教堂；

（五）建筑总面积大于一千平方米的托儿所、幼儿园的儿童用房，儿童游乐厅等室内儿童活动场所，养老院、福利院，医院、疗养院的病房楼，中小学校的教学楼、图书馆、食堂，学校的集体宿舍，劳动密集型企业的员工集体宿舍；

（六）建筑总面积大于五百平方米的歌舞厅、录像厅、放映厅、卡拉 OK 厅、夜总会、游艺厅、桑拿浴室、网吧、酒吧，具有娱乐功能的餐馆、茶馆、咖啡厅。

**第十四条**　对具有下列情形之一的特殊建设工程，建设单位应当向公安机关消防机构申请消防设计审核，并在建设工程竣工后向出具消防设计审核意见的公安机关消防机构申请消防验收：

（一）设有本规定第十三条所列的人员密集场所的建设工程；

（二）国家机关办公楼、电力调度楼、电信楼、邮政楼、防灾指挥调度楼、广播电视楼、档案楼；

（三）本条第一项、第二项规定以外的单体建筑面积大于四万平方米或者建筑高度超过五十米的公共建筑；

（四）国家标准规定的一类高层住宅建筑；

（五）城市轨道交通、隧道工程，大型发电、变配电工程；

（六）生产、储存、装卸易燃易爆危险物品的工厂、仓库和专用车站、码头，易燃易爆气体和液体的充装站、供应站、调压站。

**第十五条** 建设单位申请消防设计审核应当提供下列材料：

（一）建设工程消防设计审核申报表；

（二）建设单位的工商营业执照等合法身份证明文件；

（三）设计单位资质证明文件；

（四）消防设计文件；

（五）法律、行政法规规定的其他材料。

依法需要办理建设工程规划许可的，应当提供建设工程规划许可证明文件；依法需要城乡规划主管部门批准的临时性建筑，属于人员密集场所的，应当提供城乡规划主管部门批准的证明文件。

**第十六条** 具有下列情形之一的，建设单位除提供本规定第十五条所列材料外，应当同时提供特殊消防设计文件，或者设计采用的国际标准、境外消防技术标准的中文文本，以及其他有关消防设计的应用实例、产品说明等技术资料：

（一）国家工程建设消防技术标准没有规定的；

（二）消防设计文件拟采用的新技术、新工艺、新材料可能影响建设工程消防安全，不符合国家标准规定的；

（三）拟采用国际标准或者境外消防技术标准的。

**第十七条** 公安机关消防机构应当自受理消防设计审核申请之日起二十日内出具书面审核意见。但是依照本规定需要组织专家评审的，专家评审时间不计算在审核时间内。

第十八条　公安机关消防机构应当依照消防法规和国家工程建设消防技术标准对申报的消防设计文件进行审核。对符合下列条件的，公安机关消防机构应当出具消防设计审核合格意见；对不符合条件的，应当出具消防设计审核不合格意见，并说明理由：

（一）设计单位具备相应的资质；

（二）消防设计文件的编制符合公安部规定的消防设计文件申报要求；

（三）建筑的总平面布局和平面布置、耐火等级、建筑构造、安全疏散、消防给水、消防电源及配电、消防设施等的消防设计符合国家工程建设消防技术标准；

（四）选用的消防产品和具有防火性能要求的建筑材料符合国家工程建设消防技术标准和有关管理规定。

第十九条　对具有本规定第十六条情形之一的建设工程，公安机关消防机构应当在受理消防设计审核申请之日起五日内将申请材料报送省级人民政府公安机关消防机构组织专家评审。

省级人民政府公安机关消防机构应当在收到申请材料之日起三十日内会同同级住房和城乡建设行政主管部门召开专家评审会，对建设单位提交的特殊消防设计文件进行评审。参加评审的专家应当具有相关专业高级技术职称，总数不应少于七人，并应当出具专家评审意见。评审专家有不同意见的，应当注明。

省级人民政府公安机关消防机构应当在专家评审会后五日内将专家评审意见书面通知报送申请材料的公安机关消防机构，同时报公安部消防局备案。

对三分之二以上评审专家同意的特殊消防设计文件，可以作为消防设计审核的依据。

第二十条　建设、设计、施工单位不得擅自修改经公安机关消防机构审核合格的建设工程消防设计。确需修改的，建设单位应当向出具消防设计审核意见的公安机关消防机构重新申请消防设计审核。

**第二十一条** 建设单位申请消防验收应当提供下列材料：

（一）建设工程消防验收申报表；

（二）工程竣工验收报告和有关消防设施的工程竣工图纸；

（三）消防产品质量合格证明文件；

（四）具有防火性能要求的建筑构件、建筑材料、装修材料符合国家标准或者行业标准的证明文件、出厂合格证；

（五）消防设施检测合格证明文件；

（六）施工、工程监理、检测单位的合法身份证明和资质等级证明文件；

（七）建设单位的工商营业执照等合法身份证明文件；

（八）法律、行政法规规定的其他材料。

**第二十二条** 公安机关消防机构应当自受理消防验收申请之日起二十日内组织消防验收，并出具消防验收意见。

**第二十三条** 公安机关消防机构对申报消防验收的建设工程，应当依照建设工程消防验收评定标准对已经消防设计审核合格的内容组织消防验收。

对综合评定结论为合格的建设工程，公安机关消防机构应当出具消防验收合格意见；对综合评定结论为不合格的，应当出具消防验收不合格意见，并说明理由。

# 第四章 消防设计和竣工验收的
# 备案抽查

**第二十四条** 对本规定第十三条、第十四条规定以外的建设工程，建设单位应当在取得施工许可、工程竣工验收合格之日起七日内，通过省级公安机关消防机构网站进行消防设计、竣工验收消防备案，或者到公安机关消防机构业务受理场所进行消防设计、竣工验收消防备案。

建设单位在进行建设工程消防设计或者竣工验收消防备案时，应当分别向公安机关消防机构提供备案申报表、本规定第十五条规定的相关材料及施工许可文件复印件或者本规定第二十一条规定的相关材料。按照住房和城乡建设行政主管部门的有关规定进行施工图审查的，还应当提供施工图审查机构出具的审查合格文件复印件。

依法不需要取得施工许可的建设工程，可以不进行消防设计、竣工验收消防备案。

**第二十五条** 公安机关消防机构收到消防设计、竣工验收备案申报后，对备案材料齐全的，应当出具备案凭证；备案材料不齐全或者不符合法定形式的，应当当场或者在五日内一次告知需要补正的全部内容。

公安机关消防机构应当在已经备案的消防设计、竣工验收工程中，随机确定检查对象并向社会公告。对确定为检查对象的，公安机关消防机构应当在二十日内按照消防法规和国家工程建设消防技术标准完成图纸检查，或者按照建设工程消防验收评定标准完成工程检查，制作检查记录。检查结果应当向社会公告，检查不合格的，还应当书面通知建设单位。

建设单位收到通知后，应当停止施工或者停止使用，组织整改后向公安机关消防机构申请复查。公安机关消防机构应当在收到书面申请之日起二十日内进行复查并出具书面复查意见。

建设、设计、施工单位不得擅自修改已经依法备案的建设工程消防设计。确需修改的，建设单位应当重新申报消防设计备案。

**第二十六条** 建设工程的消防设计、竣工验收未依法报公安机关消防机构备案的，公安机关消防机构应当依法处罚，责令建设单位在五日内备案，并确定为检查对象；对逾期不备案的，公安机关消防机构应当在备案期限届满之日起五日内通知建设单位停止施工或者停止使用。

# 第五章　执法监督

**第二十七条**　上级公安机关消防机构对下级公安机关消防机构建设工程消防监督管理情况进行监督、检查和指导。

**第二十八条**　公安机关消防机构办理建设工程消防设计审核、消防验收，实行主责承办、技术复核、审验分离和集体会审等制度。

公安机关消防机构实施消防设计审核、消防验收的主责承办人、技术复核人和行政审批人应当依照职责对消防执法质量负责。

**第二十九条**　建设工程消防设计与竣工验收消防备案的抽查比例由省级公安机关消防机构结合辖区内施工图审查机构的审查质量、消防设计和施工质量情况确定并向社会公告。对设有人员密集场所的建设工程的抽查比例不应低于百分之五十。

公安机关消防机构及其工作人员应当依照本规定对建设工程消防设计和竣工验收实施备案抽查，不得擅自确定检查对象。

**第三十条**　办理消防设计审核、消防验收、备案抽查的公安机关消防机构工作人员是申请人、利害关系人的近亲属，或者与申请人、利害关系人有其他关系可能影响办理公正的，应当回避。

**第三十一条**　公安机关消防机构接到公民、法人和其他组织有关建设工程违反消防法律法规和国家工程建设消防技术标准的举报，应当在三日内组织人员核查，核查处理情况应当及时告知举报人。

**第三十二条**　公安机关消防机构实施建设工程消防监督管理时，不得对消防技术服务机构、消防产品设定法律法规规定以外的地区性准入条件。

第三十三条　公安机关消防机构及其工作人员不得指定或者变相指定建设工程的消防设计、施工、工程监理单位和消防技术服务机构。不得指定消防产品和建筑材料的品牌、销售单位。不得参与或者干预建设工程消防设施施工、消防产品和建筑材料采购的招投标活动。

第三十四条　公安机关消防机构实施消防设计审核、消防验收和备案、抽查，不得收取任何费用。

第三十五条　公安机关消防机构实施建设工程消防监督管理的依据、范围、条件、程序、期限及其需要提交的全部材料的目录和申请书示范文本应当在互联网网站、受理场所、办公场所公示。

消防设计审核、消防验收、备案抽查的结果，除涉及国家秘密、商业秘密和个人隐私的以外，应当予以公开，公众有权查阅。

第三十六条　消防设计审核合格意见、消防验收合格意见具有下列情形之一的，出具许可意见的公安机关消防机构或者其上级公安机关消防机构，根据利害关系人的请求或者依据职权，可以依法撤销许可意见：

（一）对不具备申请资格或者不符合法定条件的申请人作出的；

（二）建设单位以欺骗、贿赂等不正当手段取得的；

（三）公安机关消防机构超出法定职责和权限作出的；

（四）公安机关消防机构违反法定程序作出的；

（五）公安机关消防机构工作人员滥用职权、玩忽职守作出的。

依照前款规定撤销消防设计审核合格意见、消防验收合格意见，可能对公共利益造成重大损害的，不予撤销。

第三十七条　公民、法人和其他组织对公安机关消防机构建设工程消防监督管理中作出的具体行政行为不服的，可以向本级人民政府公安机关申请行政复议。

# 第六章　　法律责任

**第三十八条**　违反本规定的，依照《中华人民共和国消防法》第五十八条、第五十九条、第六十五条第二款、第六十六条、第六十九条规定给予处罚；构成犯罪的，依法追究刑事责任。

建设、设计、施工、工程监理单位、消防技术服务机构及其从业人员违反有关消防法规、国家工程建设消防技术标准，造成危害后果的，除依法给予行政处罚或者追究刑事责任外，还应当依法承担民事赔偿责任。

**第三十九条**　建设单位在申请消防设计审核、消防验收时，提供虚假材料的，公安机关消防机构不予受理或者不予许可并处警告。

**第四十条**　违反本规定并及时纠正，未造成危害后果的，可以从轻、减轻或者免予处罚。

**第四十一条**　依法应当经公安机关消防机构进行消防设计审核的建设工程未经消防设计审核和消防验收，擅自投入使用的，分别处罚，合并执行。

**第四十二条**　有下列情形之一的，应当依法从重处罚：

（一）已经通过消防设计审核，擅自改变消防设计，降低消防安全标准的；

（二）建设工程未依法进行备案，且不符合国家工程建设消防技术标准强制性要求的；

（三）经责令限期备案逾期不备案的；

（四）工程监理单位与建设单位或者施工单位串通，弄虚作假，降低消防施工质量的。

**第四十三条**　有下列情形之一的，公安机关消防机构应当函告同级住房和城乡建设行政主管部门：

（一）建设工程被公安机关消防机构责令停止施工、停止使用的；

（二）建设工程经消防设计、竣工验收抽查不合格的；

（三）其他需要函告的。

**第四十四条** 公安机关消防机构的人员玩忽职守、滥用职权、徇私舞弊，构成犯罪的，依法追究刑事责任。有下列行为之一，尚未构成犯罪的，依照有关规定给予处分：

（一）对不符合法定条件的建设工程出具消防设计审核合格意见、消防验收合格意见或者通过消防设计、竣工验收消防备案抽查的；

（二）对符合法定条件的建设工程消防设计、消防验收的申请或者消防设计、竣工验收的备案、抽查，不予受理、审核、验收或者拖延办理的；

（三）指定或者变相指定设计单位、施工单位、工程监理单位的；

（四）指定或者变相指定消防产品品牌、销售单位或者技术服务机构、消防设施施工单位的；

（五）利用职务接受有关单位或者个人财物的。

# 第七章　附　则

**第四十五条** 本规定中的建筑材料包含建筑保温材料。

**第四十六条** 国家工程建设消防技术标准强制性要求，是指国家工程建设消防技术标准强制性条文。

**第四十七条** 本规定中的"日"是指工作日，不含法定节假日。

**第四十八条** 执行本规定所需要的法律文书式样，由公安部制定。

**第四十九条** 本规定自 2009 年 5 月 1 日起施行。1996 年 10 月 16 日发布的《建筑工程消防监督审核管理规定》（公安部令第 30 号）同时废止。

# 高等学校消防安全管理规定

中华人民共和国教育部
中华人民共和国公安部令
第 28 号

《高等学校消防安全管理规定》已经 2009 年 7 月 3 日
教育部第 20 次部长办公会议审议通过，并经公安部同意，
现予公布，自 2010 年 1 月 1 日起施行。

教育部部长
公安部部长
二○○九年十月十九日

# 第一章　总　则

**第一条**　为了加强和规范高等学校的消防安全管理，预防和减
少火灾危害，保障师生员工生命财产和学校财产安全，根据消防
法、高等教育法等法律、法规，制定本规定。

第二条　普通高等学校和成人高等学校（以下简称学校）的消防安全管理，适用本规定。

驻校内其他单位的消防安全管理，按照本规定的有关规定执行。

第三条　学校在消防安全工作中，应当遵守消防法律、法规和规章，贯彻预防为主、防消结合的方针，履行消防安全职责，保障消防安全。

第四条　学校应当落实逐级消防安全责任制和岗位消防安全责任制，明确逐级和岗位消防安全职责，确定各级、各岗位消防安全责任人。

第五条　学校应当开展消防安全教育和培训，加强消防演练，提高师生员工的消防安全意识和自救逃生技能。

第六条　学校各单位和师生员工应当依法履行保护消防设施、预防火灾、报告火警和扑救初起火灾等维护消防安全的义务。

第七条　教育行政部门依法履行对高等学校消防安全工作的管理职责，检查、指导和监督高等学校开展消防安全工作，督促高等学校建立健全并落实消防安全责任制和消防安全管理制度。

公安机关依法履行对高等学校消防安全工作的监督管理职责，加强消防监督检查，指导和监督高等学校做好消防安全工作。

# 第二章　消防安全责任

第八条　学校法定代表人是学校消防安全责任人，全面负责学校消防安全工作，履行下列消防安全职责：

（一）贯彻落实消防法律、法规和规章，批准实施学校消防安全责任制、学校消防安全管理制度；

（二）批准消防安全年度工作计划、年度经费预算，定期召开学校消防安全工作会议；

（三）提供消防安全经费保障和组织保障；

（四）督促开展消防安全检查和重大火灾隐患整改，及时处理涉及消防安全的重大问题；

（五）依法建立志愿消防队等多种形式的消防组织，开展群众性自防自救工作；

（六）与学校二级单位负责人签订消防安全责任书；

（七）组织制定灭火和应急疏散预案；

（八）促进消防科学研究和技术创新；

（九）法律、法规规定的其他消防安全职责。

**第九条** 分管学校消防安全的校领导是学校消防安全管理人，协助学校法定代表人负责消防安全工作，履行下列消防安全职责：

（一）组织制定学校消防安全管理制度，组织、实施和协调校内各单位的消防安全工作；

（二）组织制定消防安全年度工作计划；

（三）审核消防安全工作年度经费预算；

（四）组织实施消防安全检查和火灾隐患整改；

（五）督促落实消防设施、器材的维护、维修及检测，确保其完好有效，确保疏散通道、安全出口、消防车通道畅通；

（六）组织管理志愿消防队等消防组织；

（七）组织开展师生员工消防知识、技能的宣传教育和培训，组织灭火和应急疏散预案的实施和演练；

（八）协助学校消防安全责任人做好其他消防安全工作。

其他校领导在分管工作范围内对消防工作负有领导、监督、检查、教育和管理职责。

**第十条** 学校必须设立或者明确负责日常消防安全工作的机构（以下简称学校消防机构），配备专职消防管理人员，履行下

列消防安全职责:

(一)拟订学校消防安全年度工作计划、年度经费预算,拟订学校消防安全责任制、灭火和应急疏散预案等消防安全管理制度,并报学校消防安全责任人批准后实施;

(二)监督检查校内各单位消防安全责任制的落实情况;

(三)监督检查消防设施、设备、器材的使用与管理、以及消防基础设施的运转,定期组织检验、检测和维修;

(四)确定学校消防安全重点单位(部位)并监督指导其做好消防安全工作;

(五)监督检查有关单位做好易燃易爆等危险品的储存、使用和管理工作,审批校内各单位动用明火作业;

(六)开展消防安全教育培训,组织消防演练,普及消防知识,提高师生员工的消防安全意识、扑救初起火灾和自救逃生技能;

(七)定期对志愿消防队等消防组织进行消防知识和灭火技能培训;

(八)推进消防安全技术防范工作,做好技术防范人员上岗培训工作;

(九)受理驻校内其他单位在校内和学校、校内各单位新建、扩建、改建及装饰装修工程和公众聚集场所投入使用、营业前消防行政许可或者备案手续的校内备案审查工作,督促其向公安机关消防机构进行申报,协助公安机关消防机构进行建设工程消防设计审核、消防验收或者备案以及公众聚集场所投入使用、营业前消防安全检查工作;

(十)建立健全学校消防工作档案及消防安全隐患台账;

(十一)按照工作要求上报有关信息数据;

(十二)协助公安机关消防机构调查处理火灾事故,协助有关部门做好火灾事故处理及善后工作。

第十一条　学校二级单位和其他驻校单位应当履行下列消防安全职责：

（一）落实学校的消防安全管理规定，结合本单位实际制定并落实本单位的消防安全制度和消防安全操作规程；

（二）建立本单位的消防安全责任考核、奖惩制度；

（三）开展经常性的消防安全教育、培训及演练；

（四）定期进行防火检查，做好检查记录，及时消除火灾隐患；

（五）按规定配置消防设施、器材并确保其完好有效；

（六）按规定设置安全疏散指示标志和应急照明设施，并保证疏散通道、安全出口畅通；

（七）消防控制室配备消防值班人员，制定值班岗位职责，做好监督检查工作；

（八）新建、扩建、改建及装饰装修工程报学校消防机构备案；

（九）按照规定的程序与措施处置火灾事故；

（十）学校规定的其他消防安全职责。

第十二条　校内各单位主要负责人是本单位消防安全责任人，驻校内其他单位主要负责人是该单位消防安全责任人，负责本单位的消防安全工作。

第十三条　除本规定第十一条外，学生宿舍管理部门还应当履行下列安全管理职责：

（一）建立由学生参加的志愿消防组织，定期进行消防演练；

（二）加强学生宿舍用火、用电安全教育与检查；

（三）加强夜间防火巡查，发现火灾立即组织扑救和疏散学生。

# 第三章　消防安全管理

第十四条　学校应当将下列单位（部位）列为学校消防安全重

点单位（部位）：

（一）学生宿舍、食堂（餐厅）、教学楼、校医院、体育场（馆）、会堂（会议中心）、超市（市场）、宾馆（招待所）、托儿所、幼儿园以及其他文体活动、公共娱乐等人员密集场所；

（二）学校网络、广播电台、电视台等传媒部门和驻校内邮政、通信、金融等单位；

（三）车库、油库、加油站等部位；

（四）图书馆、展览馆、档案馆、博物馆、文物古建筑；

（五）供水、供电、供气、供热等系统；

（六）易燃易爆等危险化学物品的生产、充装、储存、供应、使用部门；

（七）实验室、计算机房、电化教学中心和承担国家重点科研项目或配备有先进精密仪器设备的部位，监控中心、消防控制中心；

（八）学校保密要害部门及部位；

（九）高层建筑及地下室、半地下室；

（十）建设工程的施工现场以及有人员居住的临时性建筑；

（十一）其他发生火灾可能性较大以及一旦发生火灾可能造成重大人身伤亡或者财产损失的单位（部位）。

重点单位和重点部位的主管部门，应当按照有关法律法规和本规定履行消防安全管理职责，设置防火标志，实行严格消防安全管理。

**第十五条** 在学校内举办文艺、体育、集会、招生和就业咨询等大型活动和展览，主办单位应当确定专人负责消防安全工作，明确并落实消防安全职责和措施，保证消防设施和消防器材配置齐全、完好有效，保证疏散通道、安全出口、疏散指示标志、应急照明和消防车通道符合消防技术标准和管理规定，制定灭火和应急疏散预案并组织演练，并经学校消防机构对活动现场检查合格后方可举办。

依法应当报请当地人民政府有关部门审批的，经有关部门审核同意后方可举办。

**第十六条** 学校应当按照国家有关规定，配置消防设施和器材，设置消防安全疏散指示标志和应急照明设施，每年组织检测维修，确保消防设施和器材完好有效。

学校应当保障疏散通道、安全出口、消防车通道畅通。

**第十七条** 学校进行新建、改建、扩建、装修、装饰等活动，必须严格执行消防法规和国家工程建设消防技术标准，并依法办理建设工程消防设计审核、消防验收或者备案手续。学校各项工程及驻校内各单位在校内的各项工程消防设施的招标和验收，应当有学校消防机构参加。

施工单位负责施工现场的消防安全，并接受学校消防机构的监督、检查。竣工后，建筑工程的有关图纸、资料、文件等应当报学校档案机构和消防机构备案。

**第十八条** 地下室、半地下室和用于生产、经营、储存易燃易爆、有毒有害等危险物品场所的建筑不得用作学生宿舍。

生产、经营、储存其他物品的场所与学生宿舍等居住场所设置在同一建筑物内的，应当符合国家工程建设消防技术标准。

学生宿舍、教室和礼堂等人员密集场所，禁止违规使用大功率电器，在门窗、阳台等部位不得设置影响逃生和灭火救援的障碍物。

**第十九条** 利用地下空间开设公共活动场所，应当符合国家有关规定，并报学校消防机构备案。

**第二十条** 学校消防控制室应当配备专职值班人员，持证上岗。

消防控制室不得挪作他用。

**第二十一条** 学校购买、储存、使用和销毁易燃易爆等危险品，应当按照国家有关规定严格管理、规范操作，并制定应急处置预案和防范措施。

学校对管理和操作易燃易爆等危险品的人员，上岗前必须进行培训，持证上岗。

**第二十二条** 学校应当对动用明火实行严格的消防安全管理。禁止在具有火灾、爆炸危险的场所吸烟、使用明火；因特殊原因确需进行电、气焊等明火作业的，动火单位和人员应当向学校消防机构申办审批手续，落实现场监管人，采取相应的消防安全措施。作业人员应当遵守消防安全规定。

**第二十三条** 学校内出租房屋的，当事人应当签订房屋租赁合同，明确消防安全责任。出租方负责对出租房屋的消防安全管理。学校授权的管理单位应当加强监督检查。

外来务工人员的消防安全管理由校内用人单位负责。

**第二十四条** 发生火灾时，学校应当及时报警并立即启动应急预案，迅速扑救初起火灾，及时疏散人员。

学校应当在火灾事故发生后两个小时内向所在地教育行政主管部门报告。较大以上火灾同时报教育部。

火灾扑灭后，事故单位应当保护现场并接受事故调查，协助公安机关消防机构调查火灾原因、统计火灾损失。未经公安机关消防机构同意，任何人不得擅自清理火灾现场。

**第二十五条** 学校及其重点单位应当建立健全消防档案。

消防档案应当全面反映消防安全和消防安全管理情况，并根据情况变化及时更新。


# 第四章　消防安全检查和整改

**第二十六条** 学校每季度至少进行一次消防安全检查。检查的主要内容包括：

（一）消防安全宣传教育及培训情况；

（二）消防安全制度及责任制落实情况；

（三）消防安全工作档案建立健全情况；

（四）单位防火检查及每日防火巡查落实及记录情况；

（五）火灾隐患和隐患整改及防范措施落实情况；

（六）消防设施、器材配置及完好有效情况；

（七）灭火和应急疏散预案的制定和组织消防演练情况；

（八）其他需要检查的内容。

**第二十七条** 学校消防安全检查应当填写检查记录，检查人员、被检查单位负责人或者相关人员应当在检查记录上签名，发现火灾隐患应当及时填发《火灾隐患整改通知书》。

**第二十八条** 校内各单位每月至少进行一次防火检查。检查的主要内容包括：

（一）火灾隐患和隐患整改情况以及防范措施的落实情况；

（二）疏散通道、疏散指示标志、应急照明和安全出口情况；

（三）消防车通道、消防水源情况；

（四）消防设施、器材配置及有效情况；

（五）消防安全标志设置及其完好、有效情况；

（六）用火、用电有无违章情况；

（七）重点工种人员以及其他员工消防知识掌握情况；

（八）消防安全重点单位（部位）管理情况；

（九）易燃易爆危险物品和场所防火防爆措施落实情况以及其他重要物资防火安全情况；

（十）消防（控制室）值班情况和设施、设备运行、记录情况；

（十一）防火巡查落实及记录情况；

（十二）其他需要检查的内容。

防火检查应当填写检查记录。检查人员和被检查部门负责人应当在检查记录上签名。

**第二十九条** 校内消防安全重点单位（部位）应当进行每日防火巡查，并确定巡查的人员、内容、部位和频次。其他单位可以根据需要组织防火巡查。巡查的内容主要包括：

（一）用火、用电有无违章情况；

（二）安全出口、疏散通道是否畅通，安全疏散指示标志、应急照明是否完好；

（三）消防设施、器材和消防安全标志是否在位、完整；

（四）常闭式防火门是否处于关闭状态，防火卷帘下是否堆放物品影响使用；

（五）消防安全重点部位的人员在岗情况；

（六）其他消防安全情况。

校医院、学生宿舍、公共教室、实验室、文物古建筑等应当加强夜间防火巡查。

防火巡查人员应当及时纠正消防违章行为，妥善处置火灾隐患，无法当场处置的，应当立即报告。发现初起火灾应当立即报警、通知人员疏散、及时扑救。

防火巡查应当填写巡查记录，巡查人员及其主管人员应当在巡查记录上签名。

**第三十条** 对下列违反消防安全规定的行为，检查、巡查人员应当责成有关人员改正并督促落实：

（一）消防设施、器材或者消防安全标志的配置、设置不符合国家标准、行业标准，或者未保持完好有效的；

（二）损坏、挪用或者擅自拆除、停用消防设施、器材的；

（三）占用、堵塞、封闭消防通道、安全出口的；

（四）埋压、圈占、遮挡消火栓或者占用防火间距的；

（五）占用、堵塞、封闭消防车通道，妨碍消防车通行的；

（六）人员密集场所在门窗上设置影响逃生和灭火救援的障碍物的；

（七）常闭式防火门处于开启状态，防火卷帘下堆放物品影响使用的；

（八）违章进入易燃易爆危险物品生产、储存等场所的；

（九）违章使用明火作业或者在具有火灾、爆炸危险的场所吸烟、使用明火等违反禁令的；

（十）消防设施管理、值班人员和防火巡查人员脱岗的；

（十一）对火灾隐患经公安机关消防机构通知后不及时采取措施消除的；

（十二）其他违反消防安全管理规定的行为。

**第三十一条** 学校对教育行政主管部门和公安机关消防机构、公安派出所指出的各类火灾隐患，应当及时予以核查、消除。

对公安机关消防机构、公安派出所责令限期改正的火灾隐患，学校应当在规定的期限内整改。

**第三十二条** 对不能及时消除的火灾隐患，隐患单位应当及时向学校及相关单位的消防安全责任人或者消防安全工作主管领导报告，提出整改方案，确定整改措施、期限以及负责整改的部门、人员，并落实整改资金。

火灾隐患尚未消除的，隐患单位应当落实防范措施，保障消防安全。对于随时可能引发火灾或者一旦发生火灾将严重危及人身安全的，应当将危险部位停止使用或停业整改。

**第三十三条** 对于涉及城市规划布局等学校无力解决的重大火灾隐患，学校应当及时向其上级主管部门或者当地人民政府报告。

**第三十四条** 火灾隐患整改完毕，整改单位应当将整改情况记录报送相应的消防安全工作责任人或者消防安全工作主管领导签字确认后存档备查。

# 第五章 消防安全教育和培训

**第三十五条** 学校应当将师生员工的消防安全教育和培训纳入学校消防安全年度工作计划。

消防安全教育和培训的主要内容包括：

（一）国家消防工作方针、政策，消防法律、法规；

（二）本单位、本岗位的火灾危险性，火灾预防知识和措施；

（三）有关消防设施的性能、灭火器材的使用方法；

（四）报火警、扑救初起火灾和自救互救技能；

（五）组织、引导在场人员疏散的方法。

**第三十六条** 学校应当采取下列措施对学生进行消防安全教育，使其了解防火、灭火知识，掌握报警、扑救初起火灾和自救、逃生方法。

（一）开展学生自救、逃生等防火安全常识的模拟演练，每学年至少组织一次学生消防演练；

（二）根据消防安全教育的需要，将消防安全知识纳入教学和培训内容；

（三）对每届新生进行不低于4学时的消防安全教育和培训；

（四）对进入实验室的学生进行必要的安全技能和操作规程培训；

（五）每学年至少举办一次消防安全专题讲座，并在校园网络、广播、校内报刊开设消防安全教育栏目。

**第三十七条** 学校二级单位应当组织新上岗和进入新岗位的员工进行上岗前的消防安全培训。

消防安全重点单位（部位）对员工每年至少进行一次消防安全培训。

**第三十八条** 下列人员应当依法接受消防安全培训：

（一）学校及各二级单位的消防安全责任人、消防安全管理人；

（二）专职消防管理人员、学生宿舍管理人员；

（三）消防控制室的值班、操作人员；

（四）其他依照规定应当接受消防安全培训的人员。

前款规定中的第（三）项人员必须持证上岗。

# 第六章　灭火、应急疏散预案和演练

**第三十九条** 学校、二级单位、消防安全重点单位（部位）应当制定相应的灭火和应急疏散预案，建立应急反应和处置机制，为火灾扑救和应急救援工作提供人员、装备等保障。

灭火和应急疏散预案应当包括以下内容：

（一）组织机构：指挥协调组、灭火行动组、通讯联络组、疏散引导组、安全防护救护组；

（二）报警和接警处置程序；

（三）应急疏散的组织程序和措施；

（四）扑救初起火灾的程序和措施；

（五）通讯联络、安全防护救护的程序和措施。

（六）其他需要明确的内容。

**第四十条** 学校实验室应当有针对性地制定突发事件应急处置预案，并将应急处置预案涉及到的生物、化学及易燃易爆物品的种类、性质、数量、危险性和应对措施及处置药品的名称、产地和储备等内容报学校消防机构备案。

**第四十一条** 校内消防安全重点单位应当按照灭火和应急疏散

预案每半年至少组织一次消防演练，并结合实际，不断完善预案。

消防演练应当设置明显标识并事先告知演练范围内的人员，避免意外事故发生。

# 第七章　消防经费

**第四十二条**　学校应当将消防经费纳入学校年度经费预算，保证消防经费投入，保障消防工作的需要。

**第四十三条**　学校日常消防经费用于校内灭火器材的配置、维修、更新，灭火和应急疏散预案的备用设施、材料，以及消防宣传教育、培训等，保证学校消防工作正常开展。

**第四十四条**　学校安排专项经费，用于解决火灾隐患，维修、检测、改造消防专用给水管网、消防专用供水系统、灭火系统、自动报警系统、防排烟系统、消防通讯系统、消防监控系统等消防设施。

**第四十五条**　消防经费使用坚持专款专用、统筹兼顾、保证重点、勤俭节约的原则。

任何单位和个人不得挤占、挪用消防经费。

# 第八章　奖　惩

**第四十六条**　学校应当将消防安全工作纳入校内评估考核内容，对在消防安全工作中成绩突出的单位和个人给予表彰奖励。

**第四十七条**　对未依法履行消防安全职责、违反消防安全管理制度、或者擅自挪用、损坏、破坏消防器材、设施等违反消防安全管理规定的，学校应当责令其限期整改，给予通报批评；对直接负责的主管人员和其他直接责任人员根据情节轻重给予警告等相应的处分。

前款涉及民事损失、损害的，有关责任单位和责任人应当依法承担民事责任。

**第四十八条** 学校违反消防安全管理规定或者发生重特大火灾的，除依据消防法的规定进行处罚外，教育行政部门应当取消其当年评优资格，并按照国家有关规定对有关主管人员和责任人员依法予以处分。

# 第九章 附 则

**第四十九条** 学校应当依据本规定，结合本校实际，制定本校消防安全管理办法。

高等学校以外的其他高等教育机构的消防安全管理，参照本规定执行。

**第五十条** 本规定所称学校二级单位，包括学院、系、处、所、中心等。

**第五十一条** 本规定自 2010 年 1 月 1 日起施行。

# 附　录

## 教育部、公安部关于加强中小学
## 幼儿园消防安全管理工作的意见

教督〔2015〕4 号

各省、自治区、直辖市教育厅（教委）、公安厅（局），新疆生产建设兵团教育局、公安局：

为进一步加强中小学幼儿园（以下统称学校）消防安全管理工作，全面落实各项消防安全措施，切实保障广大师生生命安全，现提出以下意见：

一、落实消防安全责任。学校应当依法建立并落实逐级消防安全责任制，明确各级、各岗位的消防安全职责。学校法定代表人或主要负责人对本单位消防安全工作负总责。属于消防安全重点单位的学校应当确定一名消防安全工作"明白人"为消防安全管理人，负责组织实施日常消防安全管理工作，主要履行制定落实年度消防工作计划和消防安全制度，组织开展防火巡查和检查、火灾隐患整改、消防安全宣传教育培训、灭火和应急疏散演练等职责。学校应当明确消防工作管理部门，配备专（兼）职消防管理人员，建立志愿消防队，具体实施消防安全工作。教育行政部门要依法履行对学校消防安全工作的管理职责，检查、指导和监督学校开展消防安全工作，督促学校建立健全消防安全责任制和消防安全管理制度。公安消防部门依法履行对学校消防安全工作的监督管理职责，加强消防监督检查，指导和监督学校做好消防安全工作。

二、开展防火检查。学校消防安全责任人或消防安全管理人员应当每月至少组织开展一次校园防火检查，并在开学、放假和重要节庆等活动期间开展有针对性的防火检查，对发现的消防安全问题，应当及时整改。重点检查以下内容：一是消防安全制度落实情况；二是日常防火检查工作落实情况；三是教职员工消防知识掌握情况；四是消防安全重点部位的管理情况；五是消防设施、器材完好有效情况；六是厨房烟道等定期清洗情况；七是电气线路、燃气管道定期检查情况；八是消防设施维护保养情况；九是火灾隐患整改和防范措施落实情况；十是消防安全宣传教育情况。防火检查应当填写检查记录，检查人员和被检查部门负责人应当在检查记录上签名，检查记录纳入校舍消防安全档案管理。

三、开展防火巡查。学校应当每日组织开展防火巡查，加强夜间巡查，并明确巡查人员、部位。食堂、体育场馆、会堂等场所在使用期间应当至少每两小时巡查一次，对巡查中发现的问题要当场处理，不能处理的要及时上报，落实整改和防范措施，并做好记录。重点巡查以下内容：一是用火、用电、用气有无违章情况；二是安全出口、疏散通道是否畅通，疏散通道及重点部位锁门处在应急疏散时能否及时打开，安全疏散指示标志、应急照明是否完好；三是消防设施、器材和消防安全标志是否在位、完整；四是常闭式防火门是否处于关闭状态、防火卷帘下是否堆放物品影响使用；五是学生宿舍、食堂、图书馆、实验室、计算机房、变配电室、体育场馆、会堂、教学实验、易燃易爆危险品库房等消防安全重点部位管理或值班人员是否在岗在位。

四、加强消防设施器材配备和管理。学校应当按照国家、行业标准配置消防设施、器材，并依照规定进行维护保养和检测，确保完好有效。设有自动消防设施的，可以委托具有相应资质的消防技术服务机构进行维护保养,每月出具维保记录,每年至少全面检测一次。

五、规范消防安全标识。学校应当规范设置消防安全标志、标识。消防设施、器材应当设置规范、醒目的标识,并用文字或图例标明操作使用方法;疏散通道、安全出口和消防安全重点部位等处应当设置消防警示、提示标识;主要消防设施设备上应当张贴记载维护保养、检测情况的卡片或者记录。

六、开展消防安全教育培训。学校应当每年至少对教职员工开展一次全员消防安全培训,教职员工新上岗、转岗前应当经过岗前消防安全培训。所有教职员工应当懂得本单位、本岗位火灾危险性和防火措施,会报警、会扑救初起火灾、会组织疏散逃生自救。学校应当将消防安全知识纳入学生课堂教学内容,确定熟悉消防安全知识的教师进行授课,并选聘消防专业人员担任学校的兼职消防辅导员。幼儿园应当采取寓教于乐的方式对儿童进行消防安全常识教育。中小学校要保证一定课时对学生开展消防安全教育,并针对各学龄阶段特点,确定不同的消防安全教育的形式和内容。

七、开展消防演练。学校应当制定本单位灭火和应急疏散预案,明确每班次、各岗位人员及其报警、疏散、扑救初起火灾的职责,并每半年至少演练一次。举办重要节庆、文体等活动时,应制定有针对性的灭火和应急疏散预案。幼儿园和小学的演练应当落实疏散引导、保护儿童的措施。

八、严格落实责任追究制度。学校应当将消防安全工作纳入校内评估考核内容,对在消防安全工作中成绩突出的单位和个人给予表彰奖励。学校违反消防安全管理规定或者发生重特大火灾的,除依据消防法的规定进行处罚外,教育行政部门应当取消其当年评优资格,并按照国家有关规定对有关主管人员和责任人员依法追究责任。

教育部  公安部

2015 年 8 月 18 日

# 文物消防安全检查规程（试行）

国家文物局关于发布《文物消防安全检查
规程（试行）》的通知
文物督发〔2011〕17 号

各省、自治区、直辖市文物局（文化厅）：

《文物消防安全检查规程（试行）》已于 2011 年 8 月
30 日经国家文物局第 11 次局务会议审议通过，现予发布，
请遵照执行。

特此通知。

国家文物局
二〇一一年九月二十日

## 第一章　总　则

**第一条**　为预防和减少文物、博物馆单位火灾危害，规范文物
消防安全检查工作，提高消防安全管理水平，依据《中华人民共和
国文物保护法》、《中华人民共和国消防法》等相关法律、法规，
制定本规程。

第二条　文物消防安全检查工作贯彻"预防为主、防消结合"的方针，坚持"从严管理、防患未然"的原则。

第三条　上级文物行政部门对下级文物行政部门实施消防安全督察、文物行政部门实施消防安全检查和文物、博物馆单位实施消防安全自查，适用本规程。

第四条　文物消防安全检查的范围包括：

（一）具有火灾危险性的文物保护单位和经县级人民政府文物行政部门登记并公布的其他不可移动文物；

（二）博物馆、纪念馆、陈列馆等文物收藏单位；

（三）文物库房、文物修复室、文物科技保护室等文物保管和科技保护场所；

（四）文物保护工程施工工地；

（五）其他文物、博物馆单位。

第五条　实施文物消防安全检查，要落实文物保护和消防安全管理的法律、法规、规章和行业标准，切实增强检查与消除火灾隐患能力、组织扑救初起火灾能力、组织人员疏散逃生能力、消防宣传教育培训能力、文物抢救能力。

第六条　各文物、博物馆单位的消防安全责任人和消防安全管理人负责组织和实施消防安全检查，督促和落实火灾隐患整改工作。

第七条　各级文物行政部门和文物、博物馆单位要配合当地公安机关消防机构确定本地区文物消防安全重点单位或者文物、博物馆单位的消防安全重点部位，按当地公安机关消防机构的要求做好文物消防安全工作。

# 第二章　检查内容

第八条　文物消防安全检查的基本内容包括：

（一）消防安全责任制和组织机构建设

1. 消防安全责任人和消防安全管理人履行消防安全职责情况；

2. 距离当地公安消防队较远的列为全国重点文物保护单位的大型古建筑群消防队伍建设情况，其他文博单位的兼职消防队伍建设情况；

3. 文物、博物馆单位消防安全责任制建立情况，消防安全责任书签订及安全责任落实情况。

（二）消防安全管理制度

1. 消防安全制度和保障消防安全的操作规程制订情况；

2. 确保消防安全管理制度和操作规程落实的保障措施情况；

3. 消防安全管理制度在具体工作中的实际执行情况。

（三）人员管理

1. 消防安全责任人、消防安全管理人、专兼职消防工作人员、消防控制室操作人员接受消防安全专门培训情况；

2. 工作人员对消防安全法规、消防安全知识、消防安全管理制度的掌握情况；

3. 工作人员对消防设施、设备、器材的操作技能情况；

4. 消防控制室操作人员持证上岗情况；

5. 消防安全工作人员值班情况。

（四）消防设施设备和消防车通道

1. 消防水源和消防给水设施建设情况；

2. 火灾报警、灭火等设施设备建设情况；

3. 灭火器材配置及有效情况；

4. 消防安全标志的设置情况；

5. 消防设施设备检测和日常维护保养情况；

6. 消防车通道设置情况。

（五）用火、用电、用油、用气管理

1. 是否存在违反规定用火、用电、用油、用气情况；

2. 用于文物保护必要的电器设备和电气线路是否规范安装敷设，是否采取有效阻燃措施；

3. 对电器设备和电气线路是否进行定期安全检查；

4. 是否存有易燃易爆物品及其管理情况。

（六）火灾隐患整改

1. 消防安全检查发现火灾隐患的记录；

2. 火灾隐患整改结果；

3. 《文物火灾隐患整改情况记录表》内容和归档情况。

（七）周边防火环境

1. 文物、博物馆单位周边的企事业单位和人民群众生产生活可能引发文物火灾危害情况；

2. 对周边可能引发火灾危害的预防和应对措施情况；

3. 对周边企事业单位和人民群众文物防火宣传工作情况。

（八）防雷措施

1. 避雷设施安装和验收情况；

2. 避雷设施日常维护和检测情况。

（九）与公安机关消防机构联动

1. 文物、博物馆单位与当地公安机关消防机构就文物防火工作的联系、沟通情况；

2. 文物、博物馆单位与当地公安机关消防机构建立火灾扑救联动机制情况。

（十）灭火和应急疏散预案

1. 灭火和应急疏散预案制订情况；

2. 内容和程序是否科学、有效，具有可操作性；

3. 日常演练情况；

4. 现场演练是否符合程序并具有防火、灭火效能。

（十一）消防安全档案

1. 档案内容是否规范、完整；

2. 档案的更新情况；

3. 档案的保管情况。

（十二）文物、博物馆单位消防安全工作的其他情况

**第九条** 对古建筑（包括具有火灾危险性的近现代文物建筑）除按本规程第八条规定内容检查外，重点检查以下内容：

（一）古建筑殿屋内是否存在用于生产生活的用火、用电问题，在古建筑厢房、走廊、庭院等处确需用火、用电的，是否采取有效的防火安全措施；

（二）是否存在古建筑之间及毗连古建筑私搭乱建棚、房问题；

（三）是否存在古建筑本体上直接安装电源开关、电线，或者在古建筑内使用电气设备等问题；

（四）在古建筑附属设施上或者保护范围内架设电线、安装电气设备，是否对古建筑消防安全构成危害；

（五）非宗教活动场所的古建筑内是否存在燃灯、烧纸、焚香问题，指定为宗教活动场所的古建筑是否在指定地点内燃灯、烧纸、焚香，是否采取有效防火措施；

（六）保护范围内是否堆放柴草、木料等可燃易燃物品；

（七）古建筑与毗连的其他建筑之间防火分隔墙建设或者消防通道设置情况，坐落在森林区域或者位于郊野的古建筑周边是否有防火隔离带；

（八）古寺庙、道观、庙堂内悬挂的帐幔、伞盖等易燃物品防火处理情况；

（九）可能引发古建筑火灾的其他情况。

**第十条** 对博物馆（包括纪念馆、陈列馆）除按本规程第八条

规定内容检查外，重点检查以下内容：

（一）新建博物馆在投入使用前其消防设施、设备经公安机关消防机构验收情况；

（二）内装与布展工程现场防火措施情况；

（三）展柜、展台、展墙等展具和装饰材料防火性能情况；

（四）展厅照明灯具、音响、闭路电视、电动模型、放映机等电器设备的使用与管理情况；

（五）用于陈列展览的电动图表、模型、沙盘、布景箱和装在壁板上的灯光箱、显示图表箱等设计、安装是否符合防火要求；

（六）可能引发博物馆火灾的其他情况。

**第十一条** 对文物保护工程施工工地除按本规程第八条规定内容检查外，重点检查以下内容：

（一）承建工程项目合同是否约定防火安全内容；

（二）施工方法和施工技术是否符合消防要求；

（三）施工现场用火作业、易燃可燃材料堆场、仓库、易燃废品集中站和生活区等区域划分是否符合防火要求；

（四）施工作业期间搭设的临时性建筑的防火措施；

（五）施工所需焊、割作业点、氧气瓶、乙炔瓶、易燃易爆物品的安全隔离措施；

（六）施工使用的焊灯、喷灯等明火作业安全管理情况；

（七）施工现场废料、垃圾等可燃物品清理情况；

（八）可能引发文物保护工程施工工地火灾的其他情况。

**第十二条** 对文物库房除按本规程第八条规定内容检查外，重点检查以下内容：

（一）存放文物的柜、箱、架、囊、匣等是否用非易燃材料制作或者作阻燃处理；

（二）是否存在易燃材料包装物同文物一起进入库房问题；

（三）除湿、照明、通讯等电器设备安全管理情况；

（四）可能引发文物库房火灾的其他情况。

**第十三条** 对文物修复室、文物科技保护室除按本规程第八条规定内容检查外，重点检查以下内容：

（一）文物修复和科技保护设施、设备的防火性能情况；

（二）用于文物修复或者科技保护的易燃易爆物品储存、保管是否符合安全要求；

（三）可能引发文物修复室、文物科技保护室火灾的其他情况。

**第十四条** 对已向社会开放的文物、博物馆单位，除分别检查本规程第九条、第十条规定内容外，还需重点检查以下内容：

（一）安全出口、疏散通道是否畅通；

（二）安全疏散指示标志是否醒目，应急照明灯是否完好；

（三）参观游览人员携带火种的检查和监管措施情况；

（四）保证参观人员和文物安全的其他消防安全措施情况。

**第十五条** 文物、博物馆单位自行组织扑灭的初起火灾，要认真检查火场，彻底扑灭和清除不易完全熄灭的物品，设专人在火灾现场值守，防止死灰复燃。

## 第三章　检查形式和方式

**第十六条** 文物、博物馆单位按本规程规定组织实施以下形式的消防安全自查：

（一）防火巡查：由消防安全工作人员对本单位消防安全重点部位防火工作进行每日巡查；

（二）定期检查：由消防安全管理人组织对本单位消防安全工作情况实施定期检查，至少每月检查一次；

（三）随机抽查：由消防安全管理人组织对本单位所属各部门

和安全重点岗位实施随机抽查，检验各项防火制度和措施的落实情况；

（四）重要节日或重大活动前检查：国家法定节假日前，文物、博物馆单位举办重大活动前，气候干旱的火灾易发期、多发期，由消防安全管理人提前组织开展消防安全重点检查。

**第十七条**　文物行政部门按本规程规定组织实施以下形式的消防安全检查：

（一）定期检查：对本辖区的文物、博物馆单位组织定期检查，市、县级文物行政部门至少每季度检查一次，省级文物行政部门至少每半年检查一次；

（二）重点抽查：对本辖区内文物、博物馆单位实施不定期抽查；

（三）专项督察：对辖区内文物消防安全管理存在严重问题或者文物火灾隐患突出的地区，集中实施消防安全专项督察。

**第十八条**　文物消防安全检查采取以下方式：

（一）现场排查：对文物、博物馆单位及其周边环境进行全面排查，查找可能引发文物火灾的安全隐患；

（二）查阅档案记录：查看文物、博物馆单位消防安全档案和各项消防安全工作记录，了解消防安全制度建设和安全管理情况；

（三）座谈、问询、问卷：举办座谈会，随机问询工作人员，发放调查问卷，了解消防安全组织机构和人员队伍建设情况；

（四）现场设置火情：检验文物、博物馆单位对初起火灾事故应急处置能力；

（五）观摩消防演练：检验消防安全预案的科学性和防范与扑救火灾效能；

（六）启动设施设备：检验消防设施、设备的性能；

（七）查看检测标识：检查消防设备、器材检测情况；

（八）其他方式。

# 第四章　检查程序

**第十九条**　文物、博物馆单位开展消防安全巡查，要将巡查情况记入《防火巡查记录表》，发现火灾隐患要及时处理，并向本单位消防安全责任人和消防安全管理人报告。

**第二十条**　文物、博物馆单位开展消防安全自查按以下程序进行：

（一）组织检查组：由具有消防安全管理经验和消防安全专业知识、技能的人员组成检查组；

（二）确定检查范围：消防安全检查范围既要全面，又要根据本单位防火工作实际突出检查的重点部位；

（三）现场检查：对文物、博物馆单位及周边环境进行全面检查，将检查情况填入《文物消防安全检查记录》，并由检查组人员签字；

（四）总结报告：检查结束后，对检查情况进行全面认真总结，分析查找存在的问题和隐患，提出改进工作的意见和建议，报本单位消防安全责任人和消防安全管理人；

（五）记入档案：将《文物消防安全检查记录》、消防安全检查总结以及火灾隐患整改情况记入消防安全检查档案。

**第二十一条**　各级文物行政部门对文物、博物馆单位开展消防安全检查按以下程序进行：

（一）人员组织：由具有消防安全管理经验和消防安全专业知识、技能的人员组成消防安全检查组；

（二）制订检查实施方案：确定本辖区内被检查的文物、博物馆单位范围、重点单位、检查工作步骤和具体要求等；

（三）实地检查：对下级文物行政部门文物消防安全工作和辖区内文物、博物馆单位开展检查；

（四）当场反馈意见：检查组要现场向被检查的文物、博物馆单位反馈检查情况，提出具体的整改意见和要求；

（五）汇总检查结果：检查结束后，检查组要对检查结果进行归纳总结，形成书面检查报告，报组织消防安全检查的文物行政部门；

（六）反馈书面意见：组织消防安全检查的文物行政部门根据检查组的书面检查报告，向被检查地区文物行政部门下发书面意见。

第二十二条　各级文物行政部门和各文物、博物馆单位要建立消防安全检查档案，将消防安全检查情况登记入档。

# 第五章　火灾隐患整改

第二十三条　文物、博物馆单位要对消防安全自查中发现的安全隐患进行逐项登记，逐项整改。能当场整改的要立即整改；不能当场立即整改的，在火灾隐患未消除前，应当落实防范措施，确保隐患整改期间的消防安全。对本单位自身不能解决的重大火灾隐患，要提出解决方案并向其上级文物行政主管部门或者当地人民政府报告。

火灾隐患整改完毕，文物、博物馆单位应当填写《文物火灾隐患整改情况记录表》，由消防安全责任人和消防安全管理人签名后存档备查。

第二十四条　各级文物行政部门在检查中发现文物、博物馆单位存在火灾隐患的，要向被检查单位发《火灾隐患整改通知书》，提出具体的整改意见和要求；发现严重危害文物安全的重大火灾隐患的，要向当地人民政府通报；发现文物、博物馆单位对发生的火灾事故未按要求上报或者未依法处理的，要及时提出处理意见，并将处理情况向当地人民政府通报。

第二十五条　各级文物行政部门要对文物、博物馆单位存在的重大火灾隐患整改实施挂牌督办，发《重大文物火灾隐患整改挂牌督办单》。督办单包括火灾隐患内容、督办要求与期限、整改责任单位等内容。

文物行政部门挂牌督办的重大火灾隐患，要由专人负责跟踪督促整改。重大火灾隐患整改完毕经督办单位检验合格后，挂牌督办程序结束。火灾隐患挂牌督办整改情况存档备查。

# 第六章　责任追究

第二十六条　各级文物行政部门和文物、博物馆单位要建立文物消防安全责任制，明确消防安全管理职责和工作职责，实施责任追究。

第二十七条　文物、博物馆单位不按本规程规定认真实施消防安全自查的，或者对存在的火灾隐患不按要求整改的，由文物行政部门责令改正，并予以通报。

文物行政部门不按本规程要求开展文物消防安全检查的，或者对文物、博物馆单位火灾隐患整改督办不力的，由上级文物行政部门责令改正，并予以通报。

由于不认真实施文物消防安全检查，不按要求整改火灾隐患，对文物消防安全工作放任自流、玩忽职守，以致发生火灾事故造成文物损失的，依法追究法律责任。

# 第七章　附　　则

第二十八条　本规程附表由各地文物行政部门和文物、博物馆单位在消防安全检查及管理工作中应用。

第二十九条　本规程自印发之日起试行。

# 附　录

## 古建筑消防管理规则

（1984 年 2 月 28 日文化部、公安部发布）

### 第一章　总　则

**第一条**　古建筑是国家重要的历史文化遗产，是国家文明的重要标志。根据《中华人民共和国文物保护法》和《消防监督条例》的精神，为加强消防管理工作，保护古建筑免遭火灾危害，特制订本规则。

**第二条**　各级重点文物保护单位中的古建筑及历史纪念建筑物、古墓葬中保留有地面建筑的保护单位，均属本规则管理范围。

各级重点文物保护单位中的革命纪念建筑物、博物馆及各类文物保管陈列单位也适用本规则。

**第三条**　古建筑的消防工作，要贯彻从严管理、防患未然的原则。

**第四条**　爱护国家公共财产是我国公民的神圣义务。每个公民都要时刻提高警惕，防止古建筑发生火灾。

### 第二章　组织领导

**第五条**　古建筑的消防工作，由各古建筑管理与使用单位具体负责。当地市、县文物管理部门负责领导。

地方公安机关予以监督管理和业务技术指导。

**第六条**　各古建筑的管理与使用单位，要把预防火灾列为整个管理工作的一个重要部分，切实做到同计划、同部署、同检查、同总结、同评比，使防火工作做到经常化、制度化。

**第七条** 古建筑管理与使用单位的行政领导人，即为该单位的防火安全负责人，全面负责本单位的消防安全工作。

其具体任务是：

（一）贯彻执行国家和当地政府发布的消防法规和有关指示；

（二）认真实行逐级防火负责制和岗位防火责任制；

（三）领导制订和督促实施各项防火安全管理制度；

（四）领导开展防火宣传教育，普及消防知识；

（五）定期组织防火安全检查，及时整改火险隐患；

（六）组织领导专、兼职消防人员和群众性义务消防队开展工作；

（七）负责规划配置消防器材设备和水源设施；

（八）领导制订灭火计划，发生火灾时及时组织有效的扑救。参予火灾原因调查，总结经验教训，改进工作。

**第八条** 各古建筑的管理与使用单位，应根据范围、任务大小，配备专职或兼职的消防管理干部，建立群众性义务消防组织，定期教育训练，开展经常性的自防与联防活动。做到平时能防火，有灾能及时扑救。

**第九条** 凡在古建筑单位工作的职工和宗教职业者，均须具有基本的防火与灭火知识，积极参予消防活动，并作为工作考核的一个条件。

**第十条** 古建筑管理与使用单位的消防设施和各项防火活动经费，在本单位管理费中开支。如需设置重大的消防安全设施，报请上级主管部门拨款解决。

## 第三章 预防火灾

**第十一条** 凡古建筑的管理、使用单位，必须严格对一切火源、电源和各种易燃、易爆物品的管理。

禁止在古建筑保护范围内堆存柴草、木料等易燃可燃物品。严禁将煤气、液化石油气等引入古建筑物内。

**第十二条** 禁止利用古建筑当旅店、食堂、招待所或职工宿舍。

禁止在古建筑的主要殿屋进行生产、生活用火。

在厢房、走廊、庭院等处需设置生活用火时，必须有防火安全措施，并报请上级文物管理部门和当地公安机关批准。否则一律取缔。

**第十三条** 在重点要害场所，应设置"禁止烟火"的明显标志。

指定为宗教活动场所的古建筑，如要点灯、烧纸、焚香时，必须在指定地点，具有防火设施，并有专人看管或采取值班巡查等措施。

**第十四条** 在古建筑物内安装电灯和其他电器设备，必须经文物行政管理部门和公安消防部门批准，并严格执行电气安全技术规程。

已经引入电源的重点文物保护单位，要补办审批手续。凡违反消防安全要求的，必须限期拆除或另行安装。

**第十五条** 凡与古建筑毗连的其他房屋，应有防火分隔墙或开辟消防通道。

古建筑保护区的通道、出入口必须保持畅通，不得堵塞和侵占。

**第十六条** 古建筑需要修缮时，应由古建筑的管理与使用单位和施工单位共同制订消防安全措施，严格管理制度，明确责任，并报上级管理部门和当地公安机关批准后，才能开工。在修缮过程中，应有防火人员值班巡逻检查。遇有情况及时处理。

**第十七条** 为预防雷击引起火灾，在高大的古建筑物上，应视地形地物需要，安装避雷设施，并在每年雷雨季节前进行检测维修，保证完好有效。

**第十八条** 各古建筑的管理与使用单位，应结合单位实际情况，制订消防安全管理的具体办法，明文公布执行。

## 第四章 灭 火

**第十九条** 古建筑保护区，必须设有相当数量的消防用水。

在城市有消防管道的地区，要参照有关规定的要求，设置消火栓。

在缺乏水源的地区，要增设消防水缸，修建蓄水池。

供古建筑消防用水的天然水源，要在适当地点修建可供消防车吸水的码头。

原有的天然水源，应妥善维护，保障消防用水。

**第二十条** 古建筑管理与使用单位应根据需要，配备相应的灭火器具与报警设施。在收藏、陈列珍贵文物的重点要害部位，要根据实际需要，逐步安装自动报警与灭火装置，定期测试，保持完好。

**第二十一条** 公民在发现火警时，应迅速报警，并立即进行扑救。

起火单位的领导人，必须及时组织力量，迅速有效地进行扑救。邻近单位和群众均应积极支援。

## 第五章 奖 惩

**第二十二条** 认真执行本规则，在预防火灾中工作积极、成绩显著；在灭火战斗中英勇机智、表现突出，使国家财产免受重大损失者，主管部门应予表彰和奖励。

**第二十三条** 违反本规则，对防火工作放任自流、玩忽职守；以及引起火灾，使国家财产遭受损失者，应分别情节轻重，由主管部门予以行政纪律处分。或由公安、司法机关依法查处，直至追究刑事责任。

## 第六章 附 则

**第二十四条** 本规则由文化部、公安部联合制订。各省、市、自治区文化、公安部门可结合当地情况，制订实施细则。

**第二十五条** 本规则自公布之日起执行。

# 古城镇和村寨火灾防控技术指导意见

〔2014〕101 号

为深刻吸取近年来古城镇、村寨火灾事故教训，切实增强古城镇、村寨的火灾防控能力，现从消防安全分析评估、消防规划、消防安全布局、建筑防火、公共消防设施及装备、火灾危险源控制等方面提出技术指导意见。

一、适用范围

本《意见》中的古城镇、村寨主要是指以木结构或砖木结构为主，保留传统格局或历史风貌，能够集中反映本地区文化特色、民族特色，建筑集中连片的城镇和村寨。

本《意见》适用于古城镇、村寨既有建筑的火灾隐患整改。

二、消防安全分析评估及消防规划

1. 对古城镇、村寨内与消防安全相关的基本情况应进行详细调查。主要包括：

（1）区域自然条件、功能定位、民俗生活习惯、经济发展水平等；

（2）区域易燃易爆场所、人员密集场所和文物保护单位等重点场所的数量、分布及安全状况等；

（3）建筑结构形式、用途、规模和火灾荷载分布；

（4）区域水源、道路条件和消防站（点）、室外消火栓等消防设施及消防力量情况；

（5）用火用电用油用气等情况；

（6）公民消防安全素质情况；

（7）已采取的主要防火措施；

（8）消防安全突出问题。

2. 在调研的基础上，对古城镇、村寨的火灾风险和消防安全状况进行分析评估，结合当地火灾特点和实际条件编制消防规划。

3. 消防规划主要包括消防安全布局、消防站（点）、消防供水、消防车通道、消防装备，以及建筑防火、建筑消防设施配置、火灾危险源控制，对不符合消防安全要求的区域和建筑物采取的整改措施和实施计划等内容。

4. 古城镇、村寨进行开发、利用、整治及道路、电网、燃气、人畜饮水等建设活动中，应综合考虑并同步落实消防安全要求。

三、消防安全布局

1. 古城镇、村寨应合理规划布局。工业与民用，生活居住与商业经营等区域宜分别设置。

2. 古城镇、村寨内不应设置易燃易爆场所；确需设置的，应设置在远离其他建筑的相对独立的安全地带。

3. 既有的耐火等级低或灭火救援条件差的连片建筑密集区，应采取设置防火隔离带、开辟防火间距、设置防火墙、打通消防通道、提高建筑耐火等级、对火灾危险部位采取防火分隔、改造供水管网、增设消防水源等措施，改善消防安全条件，降低火灾风险。

4. 古城镇、村寨建筑之间应保持适当的防火间距。

5. 古城镇、村寨建筑应与文物保护单位保持足够的防火间距，确有困难的，应采取其他防火措施。

6. 集市、庙会应与易燃易爆场所、文物保护单位及耐火等级低的连片建筑密集区保持足够的防火间距，其布置不应妨碍消防车辆通行及消防水源的使用。

7. 打谷场之间及其与建筑物之间的防火间距，不应小于 25m，打谷场的面积不宜大于 $2000m^2$。

8. 古城镇、村寨应在适当位置规划布置公共避难区域。

9. 古城镇、村寨的道路应充分考虑消防车通行的需要或配备适宜在区域内道路通行的具有灭火救援能力的车辆装备。供消防车通行的道路应保持畅通，不应设置隔离桩、栏杆等障碍设施，当确需设置时，应为可移动式。

10. 集中储存的柴草、饲料等可燃物堆垛宜设置在相对独立的安全区域，且不应设置在电气线路下方。

11. 1kV 以上架空电力线路不应跨越可燃屋面建筑。

12. 古城镇、村寨应在适当位置设置固定的消防宣传点。

四、建筑防火

1. 古城镇、村寨既有建筑的改造，应尽量选用不燃、难燃材料。

2. 木结构或砖木结构建筑之间的相邻外墙宜采用不燃烧体实体墙且宜高出屋顶。

3. 耐火等级较高的建筑密集区，占地面积不宜超过 5000m²；当超过时，应在密集区内设置宽度不小于 6m 的防火隔离带进行防火分隔。耐火等级较低的建筑密集区，占地面积不宜超过 3000m²；当超过时，应在密集区内设置宽度不小于 10m 的防火隔离带进行防火分隔。

4. 厨房宜设置在建筑靠外墙部位。餐饮类经营场所的厨房应采用不燃性实体墙与其它部位进行防火分隔。

5. 村民院落内堆放的少量柴草、饲料等与建筑之间应采取防火隔离措施。

6. 旅馆、商铺、酒吧、网吧等经营性场所，当每层建筑面积大于 200m² 时，每层安全出口不应少于 2 个。

7. 文物保护单位的重点木结构或砖木结构的古建筑，宜设置室内消火栓系统。

8. 具备供水条件的经营性场所，应设置自动喷水灭火系统或自动喷水局部应用系统；每层应设置室内消火栓系统或在生活供水管道上设置消防水龙。

9. 旅馆、商铺、酒吧、网吧等经营性场所应设置火灾自动报警系统或独立式火灾报警探测器。

10. 旅馆、商铺、酒吧、网吧等经营性场所应配备灭火器，住宅宜配备灭火器。

五、公共消防设施和消防装备

1. 古城镇、村寨应根据规模、区域条件、经济发展状况及火灾危险性等因素设置消防站或消防点。古城镇应按照有关规定设置消防站，消防车（船）的数量应满足相关规定的要求，种类、性能要符合古城镇火灾扑救实际需要；古城镇每个社区应至少设 1 个消防点，村寨每 50 至 100 户应设 1 个消防点。

2. 消防点的设置应满足以下要求：

（1）有固定的地点和醒目标志；

（2）根据消防水源、道路情况，选配相应的车（船）、机动消防泵、水带、水枪、灭火器、破拆工具等装备；

（3）有火警电话和值班人员；

（4）有专职或志愿消防队员。

3. 古城镇、村寨应充分利用满足一定灭火要求的农用车、洒水车、灌溉机动泵等农用设施作为消防装备的补充。

4. 古城镇应设置室外消火栓系统；村寨宜设置室外消火栓系统，确有困难时，可采用由消防车或机动消防泵、消防水带、水枪组成的移动灭火设施。消防用水可由城镇自来水厂、消防水池及符合要求的天然水源供给；缺水地区可利用雨水收集池等设施供给。有条件的地区，宜结合地势设置高位水池、水塔。

5. 室外消防给水管道和室外消火栓的设置应符合下列要求：

（1）当古城镇、村寨在消防站（点）的保护范围内时，室外消火栓栓口的压力不应低于 0.1MP；当古城镇、村寨不在消防站（点）保护范围内时，室外消火栓应满足其保护半径内建筑最不利点灭火的压力和流量的要求；

（2）消防给水管道的管径不宜小于 100mm；

（3）消防给水管道的埋设深度应根据气候条件、外部荷载、管材性能等因素确定；

（4）室外消火栓间距不宜大于 120m；三、四级耐火等级建筑较多的村寨，室外消火栓间距不宜大于 60m；

（5）寒冷地区的室外消火栓应采取防冻措施，或采用地下消火栓、消防水鹤或将室外消火栓设在室内；

（6）室外消火栓应沿道路设置，并宜靠近十字路口，与房屋外墙距离不宜小于 2m。

6. 室外消防用水量应符合下列要求：古镇不宜小于 $500m^3$；100 户以上村寨不宜小于 $200m^3$；50—100 户村寨不宜小于 $100m^3$。

7. 消防水池应符合下列要求：

（1）单个消防水池容量不应小于 $50m^3$，且平时应保持水量；

（2）消防水池应合理分布，除高位水池外，保护半径不宜大于 150m；

（3）供消防车或机动消防泵取水的消防水池应设取水口；

（4）寒冷和严寒地区的消防水池应采取防冻措施。

8. 天然水源作为消防水源时，应符合下列要求：

（1）水源充足且能保证枯水期和冬季的消防用水；

（2）设置牢固的取水平台和明显标志。取水平台与水面的距离和高差应能满足机动消防泵取水或最低水位时消防车吸水高度的要求；

（3）供消防车取水的天然水源，应设通向取水平台的消防车道。

六、火灾危险源控制

（一）可燃物

1. 用于炊事和采暖的明火，其周围 2.0m 范围内的墙面、地面应采用不燃材料进行防火隔离保护，周围 1.0m 范围内不应堆放柴草等可燃物，或采取防火隔离措施。

2. 烟囱穿过可燃或难燃屋顶时，排烟口应高出屋面不少于 500mm，并宜设防火罩；烟囱直接在外墙上开设排烟口时，外墙应为不燃烧体且排烟口应突出外墙不少于 250mm；可燃墙体、楼板或屋面板在烟道穿过处的交界面应作不燃处理。

3. 柴草、饲料等可燃物堆垛较多、耐火等级较低的连片建筑或靠近林区的村寨，对可能产生明火或火花的部位应采取隔离、监护等防范措施。

4. 使用明火、炉灶时，应当有人看护。明火使用完毕后应及时清理余火，余烬与炉灰等应用水浇灭。大风天气不得在室外动用明火。

5. 燃放烟花爆竹应远离木结构建筑成片区域和柴草等可燃物成片集中堆放区域。

（二）电气

1. 敷设在可燃材料上的电气线路应穿金属管、阻燃套管保护或采用阻燃电缆，且应避开炉灶、烟囱等高温部位；电气线路应定期检查。

2. 打谷场的电力、照明线路宜采用埋地穿管敷设，其管材不应采用竹管和塑料管。打谷场的每台电动机应设独立的操作开关，并应设在开关箱内。开关箱到电力设备之间的线路，严禁采用插头连接。打谷场内的照明灯具与可燃物距离不应小于 1m。

3. 导线与电气设备的连接应牢固，不应私拉乱接电气线路，严禁在电气线路上搭、挂物品。

4. 导线的耐压等级、安全载流量和机械强度应满足用电场所的使用要求，用电设备不应过载使用，不得随意增加保险丝的截面积且严禁采用铜丝、铁丝等代替保险丝。

5. 正确使用电饭锅、电熨斗、电热毯等电热设备，使用期间应注意看护，使用后及时切断电源。

6. 照明灯具、电取暖设备表面的高温部位应与可燃物保持安全距离，当靠近可燃物时，应采取隔热、散热等防火保护措施。严禁在电取暖设备上覆盖可燃物。

7. 电动车不得停放在楼梯间、疏散通道、安全出口处。充电应尽量在室外进行，线路插座应固定敷设，并按照使用说明书的规定进行充电。充电时，周围不得有可燃物。

（三）燃气

1. 应当根据燃气类型，选择适用的燃气灶具；燃气灶具应安装在通风良好的房间内，并应与卧室分隔；燃气灶具与燃气管道的连接管应安装牢固，并应定期检查；应注意灶具、连接管的安全使用期限，及时更换。

2. 采用液化石油气钢瓶供气的场所，其钢瓶的型号、规格和数量应符合要求。经营性场所公共区域不得使用液化石油气钢瓶供气的各类设备。存放和使用液化石油气钢瓶的房间应通风良好，严禁在地下室存放和使用；液化石油气钢瓶不应接近火源、热源，与灶具之间的安全距离不应小于 0.5m。

3. 严禁使用超量罐装的液化石油气钢瓶，严禁敲打、倒置、碰撞钢瓶，严禁随意倾倒残液和私自灌气。

4. 沼气池进料口、出料口及池盖与明火散发点的距离不应小于25m；当采用点火方式测试沼气时，应在沼气炉上点火试气，严禁在输气管、沼气池上点火试气；沼气池检修时，应保持通风良好，并严禁在池内使用明火或可能产生火花的器具；沼气输气主管道应采用不燃材料，各连接部位应严密紧固，输气管应定期检查，并应及时排除漏气点。

5. 进入建筑物内的燃气管道应采用镀锌钢管并设有切断阀,,严禁采用塑料管道。

（四）可燃液体

1. 汽油、煤油、柴油、酒精等可燃液体不应存放在居室内，且应远离火源、热源。经营性场所严禁超量存放可燃液体。

2. 使用油类等可燃液体燃料的炉灶、取暖炉等设备必须在熄火降温后充装燃料。

3. 严禁对盛装或盛装过可燃液体且未采取安全置换措施的存储容器进行电焊等明火作业。

4. 严禁使用玻璃瓶、塑料桶等易碎或易产生静电的非金属容器盛装汽油、煤油、酒精等可燃液体。

5. 室内的燃油管道应采用金属管道并设有切断阀，严禁采用塑料管道。

公安部消防局

2014 年 4 月 3 日

# 关于加强历史文化名城名镇名村及
# 文物建筑消防安全工作的指导意见

公安部　住房和城乡建设部　国家文物局
关于印发《关于加强历史文化名城名镇名村及
文物建筑消防安全工作的指导意见》的通知
公消〔2014〕99 号

各省、自治区、直辖市公安厅、局，住房城乡建设厅（建委）、规划局（委），文物局，北京市农委，新疆生产建设兵团公安局、建设局、文物局：

现将《关于加强历史文化名城名镇名村及文物建筑消防安全工作的指导意见》印发给你们，请结合本地实际，认真贯彻落实。

公安部　住房和城乡建设部　国家文物局
2014 年 4 月 3 日

为深刻吸取云南独克宗古城、贵州报京侗寨火灾事故教训，严防此类事故再次发生，现就加强历史文化名城、名镇、名村及文物建筑消防安全工作提出以下指导意见：

一、健全消防安全责任体系

（一）坚持政府主导。公安机关、城乡规划、城乡建设和文物部门积极争取当地党委、政府的重视和支持，将名城、名镇、名村及文物建筑消防安全工作纳入国民经济和社会发展规划；推动有立法权的地方人大、政府制定有关地方性消防法规、规章，加强对名城、名镇、名村及文物建筑的消防安全保护；建立消防经费保障机制，推进消防规划编制实施；推动名城、名镇建立消防安全委员会、消防工作联席会议，建立部门消防工作协调机制，定期研究、解决消防安全突出问题，适时开展专项整治。对区域性重大隐患和屡禁不止、屡查不改的消防违法行为，提请政府牵头综合治理。

（二）城乡规划建设部门加强规划建设管理。城乡规划部门牵头编制消防规划，推动地方政府做好消防站、消防供水、消防车通道等建设工作，不得擅自改变规划确定的消防站、消防通道等用地的使用性质；将消防内容实施情况作为城乡规划检查督查的重要内容，会同公安消防、文物等部门对消防内容实施情况进行检查，确保各项消防设施按规划建设；对名城、名镇、名村内消防审查不符合要求的新建、改建、扩建建设工程，不予核发建设工程规划许可证。对于历史文化街区、名镇、名村核心保护范围内消防设施的设置，按照《历史文化名城名镇名村保护条例》执行。

（三）文物部门加强行业监管。文物部门落实行业监管责任，将消防安全列入文物保护工作的重要内容；督促指导文物建筑管理、使用单位落实消防安全主体责任；按照文物消防安全检查规程，对文物建筑开展消防安全检查，对文物保护工程施工现场加强消防安全监管；对火灾事故加强执法督察；配合当地公安机关消防机构确定本地区文物消防安全重点单位或者文物、博物馆单位的消防安全重点部位。

（四）公安消防部门加强监督检查。公安消防部门依法对名城、名镇、名村内的社会单位和文物建筑加强消防监督管理，组织火灾隐患排查治理，开展消防宣传教育培训，指导单位加强消防安全"四个能力"建设，推动重点单位落实"户籍化"管理要求。对保护范围内的消防安全重点单位每年至少检查一次。

（五）严格考核和责任追究。公安部、住房城乡建设部、国家文物局适时组织开展专项督察，并提请将督察结果纳入国务院对省级政府消防工作考核内容。各地争取 2014 年底前推动省级政府制定下发指导意见贯彻实施方案，并将名城、名镇、名村和文物建筑消防安全纳入社会管理综合治理、政府目标责任考评，每年组织对有关部门履职情况进行监督检查，对失职渎职或发生重特大火灾事故的，依法依纪追究相关人员的责任。

二、加强消防基础建设

（一）科学编制消防规划。城乡规划、文物部门将消防规划纳入历史文化名城、名镇、名村和文物保护规划，作为保护规划审批的必要条件。2017年底以前，城乡规划部门根据城市总体规划的消防要求，将消防内容纳入历史文化街区保护性详细规划，细化名镇、名村保护规划中消防内容；文物部门根据现有消防规划，编制完成文物建筑集中分布区的区域性消防专项规划，并报请当地政府颁布实施。历史文化街区保护性详细规划、文物建筑集中分布区的区域性消防专项规划和名镇、名村的保护规划，应包括易燃易爆危险品场所布局、消防供水、消防站（点）、消防装备、消防车通道、防火分隔、火灾危险源控制、用火用电设施改造、违法违章建筑整治等内容。

（二）加强消防设施建设。推动政府将名城、名镇、名村及文物建筑的消防站、消防供水、消防车通道等消防基础设施建设纳入新型城镇化和新农村建设，并与城乡基础设施建设同步实施。2020年底以前，基本完成消防基础设施建设、改造任务。文物部门组织实施"文物消防安全百项工程"，用3至5年时间，完成100处以全国重点文物保护单位为核心的古城、古村寨和古建筑群的消防安全工程建设。文物和公安消防部门联合开展木结构建筑阻燃防火技术研究和文物建筑专用消防设施设备研发，鼓励应用先进消防技术装备，加快推广电气火灾防控技术。

（三）建立多种形式消防力量。2015年底以前，推动政府按照名城、名镇保护范围内接到出动指令后5分钟内到达的原则，设立公安消防队、政府专职消防队，社区设消防点。100户以上的村寨建立志愿消防队，100户以下的村寨设消防点。文物建筑管理、使用单位明确专人负责消防安全或建立志愿消防队，有条件的建立专职消防队，同时依托当地乡镇、街道和村、居民委员会消防安全网格化管理组织，提高自防自救能力。各类消防队伍结合保护对象特点，配备相应的消防装备器材。

三、强化火灾防控措施

（一）加强源头管理。名城、名镇、名村严格把控旅游开发强度与火灾防控能力的匹配程度，对核心保护范围采取更加严格的人防、物防、技防措施，鼓励单位、居（村）民投保房屋财产火灾保险和火灾公众责任保险。严格市场准入，对名城、名镇、名村保护范围内新建、改建、扩建建设工程，不符合消防安全要求的，城乡规划、公安消防部门不得审批同意；涉及文物保护事项的基本建设项目，文物部门在项目批准前要提出消防安全保护性意见；对消防安全保护措施不到位的国有文物建筑，文物部门不得同意对公众开放或开展经营性活动；对达不到消防安全条件的单位、场所，相关部门不得核发许可证照。

（二）强化隐患整治。由于规划中消防内容不落实，导致消防水源、消防站、消防车通道等公共消防设施欠账的，提请地方政府组织有关部门建设改造。文物建筑消防安全保护措施不到位的，文物部门应督促管理、使用单位落实整改责任、措施、资金，积极实施技术改造，并列支专门经费予以支持。公安机关消防机构对发现的火灾隐患，应严格依法查处，积极指导社会单位整改。公安消防、城乡规划、文物等部门建立工作协作机制，定期组织开展分析评估，对消防安全突出问题进行集中治理；对擅自改变使用性质、非法生产经营的，提请政府组织相关部门依法予以拆除或取缔；对于区域性火灾隐患突出、消防设施严重缺乏的，提请政府挂牌督办。

（三）落实主体责任。名城、名镇、名村内的社会单位及文物建筑管理、使用单位应明确消防安全管理人，建立健全并落实消防安全管理制度，组织落实防火检查、设施维护、宣传培训、消防演练、隐患整改等工作。名城、名镇、名村及文物建筑出租房屋用于生产经营的，必须明确并落实租赁双方的消防安全责任。名村和列为文物保护单位的村寨应制定村民防火公约，推行"多户联防"制度，由村民家庭组成联防组，配备必要的灭火器材，轮流值班巡查，互相提醒消防安全，协助扑救初起火灾。木结构建筑连片密集区要因地制宜采取设置防火隔离带、开辟防火间距等措施，防止"火烧连营"。

（四）加强宣传培训。名城、名镇、名村结合历史和地域文化特点，将消防知识融入当地民俗文化，因地制宜设置消防宣传栏、橱窗，利用各种载体开展提示性消防常识宣传。文物建筑、火灾风险较大的建筑张贴防火警示标识、标牌，旅游景区向游客宣传防火安全须知。火灾多发季节、重大节假日和民俗活动期间，开展有针对性的消防宣传活动。定期对乡镇、街道、社区、村寨和单位的消防安全责任人、管理人、从业人员进行消防安全教育培训。街道、乡镇依托社区服务中心、农村文化室，定期组织居（村）民参加消防教育和灭火逃生体验，普及安全用火、用电、用气和火灾报警、初起火灾扑救、逃生自救常识。

（五）提高火灾扑救能力。名城、名镇、名村及文物建筑管理、使用单位应结合保护特点，制定火灾事故应急预案，强化单位预案与地方政府有关部门应急预案的有效衔接，并定期组织演练。根据当地气象条件，尤其是大风天气和重要防火季节，加强值班巡逻，强化火灾预警响应。公安消防队、政府专职消防队应定期开展"六熟悉"，掌握建筑结构、火灾特点、道路状况、水源分布等情况，并加强与志愿消防队、单位专职消防队的联勤联训，每年开展不少于2次的联合实战演练，提高协同作战能力。对名城、名镇、名村保护范围内的市政消火栓和文物建筑配置的室外消火栓每季度至少进行一次出水测试，寒冷地区消防给水管网应采取防冻措施。

# 铁路消防管理办法

铁道部关于印发铁路消防管理办法的通知

铁公安〔2009〕95号

部属各单位，铁路公司（筹备组）：

现印发《铁路消防管理办法》，自2009年6月1日起施行，铁道部2000年3月13日印发的《铁路消防管理办法》，（铁公安〔2000〕25号）同时废止。

中华人民共和国铁道部

二〇〇九年五月十九日

## 第一章 总 则

**第一条** 为加强铁路消防工作，预防火灾事故，减少火灾危害，保障铁路运输生产、基本建设和人身、财产安全，根据《中华人民共和国消防法》，制定本办法。

**第二条** 铁路消防工作贯彻"预防为主，防消结合"的方针，按照"铁道部统一领导，运输企业全面负责，业务部门依法监管，职工群众积极参与"的原则，实行消防安全责任制。

**第三条** 维护消防安全、保护消防设施、预防火灾、报告火警、扑救火灾是铁路单位及职工的责任和义务。

**第四条** 铁路消防工作由铁路公安机关监督管理，并由铁路公安机关消防机构负责实施。

**第五条** 对在铁路消防工作中有突出贡献的单位和个人，应当按照国家有关规定给予奖励。

**第六条** 在铁路管辖范围内从事生产经营活动的单位和个人应遵守本办法。在我国境内运行的国际列车也适用本办法。

# 第二章 火灾预防

## 第一节 基本规定

**第七条** 铁路运输企业应建立防火安全委员会或防火安全领导小组，定期召开会议，组织、协调本单位的消防工作，研究解决消防安全重大问题。

**第八条** 铁路运输企业各业务部门应结合业务工作履行消防安全管理和监督职能，做好本系统消防工作。

运输、客运、货运、机务、车辆、工务、电务等部门应组织各单位落实消防安全规章制度，加强消防安全管理和监督检查，及时发现和整改火灾隐患。

建设部门应严格执行国家和铁道部工程建设消防技术标准，保证消防设施建设与铁路建设同步规划、同步建设、同步发展。

宣传、培训部门应将消防安全内容纳入宣传、教育、培训工作，做到经常化、制度化、规范化。

工会、共青团应针对职工、青年等特点有针对性地开展消防宣传教育。

铁路公安机关消防机构和安全监察部门应依法履行监督检查职责，督促有关部门和单位落实消防安全措施，消除火灾隐患。

其他业务部门也应结合业务工作落实消防安全责任，做好消防工作。

**第九条**　铁路运输企业及所属单位应当履行下列消防安全职责：

（一）贯彻执行消防法律、法规、规章和有关规定，落实逐级消防安全责任制和岗位防火责任制，建立健全消防规章制度，制定安全操作规程。

（二）保证消防工作与生产经营和基本建设同计划、同布置、同检查、同考核、同奖惩。

（三）按照国家标准、行业标准配备消防设施、器材，设置消防安全标志，并定期组织检验、维修，确保完好有效。

（四）对火灾自动报警、自动灭火等建筑消防设施委托有法定资质的检测机构每年至少进行一次全面检测，确保完好有效，检测记录应当完整准确，存档备查。

（五）保障疏散通道、安全出口、消防车通道畅通，保证防火防烟分区、防火间距符合消防技术标准。

（六）组织防火检查，建立重大火灾隐患督促整改工作制度，组织落实重大火灾隐患整改，及时处理涉及消防安全的重大问题。

（七）制定火灾事故应急预案。

（八）法律、法规规定的其它消防职责。

单位法定代表人或主要负责人是消防安全责任人，对本单位的消防安全工作全面负责。

**第十条**　单位应确定本单位消防安全管理人。消防安全管理人可由分管领导担任，负责日常消防管理工作。

消防安全管理人对本单位的消防安全责任人负责，实施并组织落实下列消防安全管理工作：

（一）制定年度消防工作计划，组织实施日常消防安全管理工作。

（二）组织制定消防安全管理制度和保障消防安全的操作规程，并检查督促落实。

（三）制订消防资金投入计划和组织实施保障方案。

（四）组织实施消防安全检查和火灾隐患整改工作。

（五）组织实施对消防设施、灭火器材和消防安全标志的维护、保养，确保完好有效，确保疏散通道和安全出口畅通。

（六）组织管理义务消防队。

（七）组织开展职工消防知识、技能的宣传教育和培训，组织火灾事故应急预案的实施和演练。

（八）消防安全责任人委托的其他消防安全管理工作。

消防安全管理人应当定期向消防安全责任人报告消防安全管理情况，及时报告涉及消防安全的重大问题。

**第十一条** 消防安全责任人和消防安全管理人应定期接受消防安全专门培训。

各单位应对职工进行经常性的消防安全知识培训教育。

定期对单位专（兼）职消防管理人员和消防设施操作人员，电工、电气焊等特种作业人员，易燃易爆岗位作业人员，旅客列车工作人员，以及车站客货运工作人员、机车司机进行消防安全培训，达到"三懂三会"，即：懂得本岗位的火灾危险性、懂得预防火灾的措施、懂得火灾的扑救方法，会报警、会使用灭火器、会扑救初起火灾，经考试合格，持证上岗。

新职工、其他从业人员和改变工种人员应经过消防安全知识教育，考试合格后，方可上岗。

**第十二条** 铁路公安机关消防机构应当将旅客列车和人员密集

场所、重点行车场所、物资集中场所、机车车辆存放场所、易燃易爆场所等一旦发生火灾可能造成人员重大伤亡和财产重大损失及严重影响铁路运输的单位，确定为消防重点单位，并由铁路运输企业定期公布。

**第十三条** 消防重点单位除应当履行本办法第十条规定的职责外，还应当履行下列消防安全职责：

（一）确定消防工作的归口管理职能部门，配备专（兼）职消防管理人员。

（二）建立消防档案，确定消防安全重点部位，设置防火标志，实行严格管理。

（三）实行每日防火巡查制度，建立巡查记录。

（四）定期对职工进行消防安全培训，重要工种岗位职工必须经消防知识培训合格后持证上岗。

**第十四条** 实行承包、租赁或者委托经营、管理时，产权单位应当提供符合消防安全要求的建筑物，当事人在订立的合同中应依照有关规定明确各方的消防安全责任；消防车通道、涉及公共消防安全的疏散设施和其他建筑消防设施应当由产权单位或者委托管理的单位统一管理。产权单位和委托管理单位应督促检查承包、租赁、委托经营各方履行消防安全职责。

两个以上产权单位和使用单位的建筑物，各产权单位、使用单位对消防车通道、涉及公共消防安全的疏散设施和其他建筑消防设施应当明确管理责任，确定建筑物消防安全统一管理单位，明确消防安全责任人，落实建筑物消防安全的统一管理。

**第十五条** 铁路宾馆、饭店、招待所、公寓、文化宫、俱乐部、歌舞厅、网吧等人员密集场所的耐火等级、防火分隔、安全疏散、防烟排烟、电气设备及消防设施，必须符合国家消防技术标准。严禁使用易燃可燃材料装修，严禁擅自改变建筑结构和用途。

第十六条 铁路货场、危险品仓库、燃油库等易燃易爆以及其他具有火灾、爆炸危险的场所禁止吸烟、使用明火，应设置明显的警示标志。因特殊情况需要使用明火作业时，应当办理动火审批手续，采取划定区域、配备灭火器材等相应的消防安全措施，作业人员应当严格遵守消防安全规定。

第十七条 各单位应有计划地逐步改善消防基础设施，适应预防和扑救火灾的需要。

对消防设施不符合国家和铁道部有关消防技术标准的既有车站、编组站及客车存放场所，应制定整改计划，逐步完善。

第十八条 新造机车、客车、动车组应通过采用新技术、新设备、新工艺，提高抗御火灾能力。

客车、动车组、各种试验、检测等特种车辆及轨道车等自轮运转特种设备选用的结构、保温、绝缘、装饰、涂料等非金属材料应是难燃或阻燃材料，其燃烧性能、产烟毒性应达到国家和铁道部有关技术标准。电气线路敷设、电气设备选用和安装应满足防火要求。

机车、发电车及其他特种车辆应配备火灾自动报警和灭火装置。

第十九条 运营客车改造为工程宿营车等局管路用车辆时，其内部间隔材料应采用不燃或难燃材料，用火用电应执行客车有关消防安全规定。严禁乱拉乱接电气线路，严禁违章使用电热器具。严禁在车内吸烟和明火照明、取暖，点蚊香应采取防火安全措施。

工程车、轨道车等自轮运转特种设备的消防安全管理由其主管部门制定专门规定。

第二十条 铁路科研主管部门应制定消防科研攻关计划，研究铁路特长隧道、地下及水下隧道、特大型旅客车站以及动车组检修库等特殊场所的消防安全技术，制定完善相关标准。

**第二十一条** 铁路运输企业应逐步建立铁路消防安全信息管理系统，运用现代化管理手段，实现消防安全重点单位的实时监测和预警监控。

**第二十二条** 地处林区、草原的铁路单位应严格遵守林区、草原防火规定，加强防火宣传教育，严格野外用火管理。进入林区、草原的机车车辆禁止在运行中清灰、抛焦，机车火星网、车辆闸瓦必须符合有关规定。

**第二十三条** 站区内和线路两侧的枕木、可燃材料应及时清理，按规定堆放。站区和线路两侧的枯草、可燃垃圾应及时清除。

## 第二节 旅客运输防火

**第二十四条** 担当旅客运输的机车、客车、动车组必须符合铁道部《铁路机车车辆检修规程》、《铁路客车运用维修规程》和《铁路动车组运用维修规程》等有关质量标准要求。

**第二十五条** 旅客列车应建立防火组织，实行岗位防火责任制，严格火源、电源管理，落实防火措施。

**第二十六条** 担当旅客列车乘务工作的客运、车辆、乘警等乘务人员应进行岗前消防知识培训，全员达到"三懂三会"，经考试合格后，持证上岗。

旅客列车消防安全管理的具体规定由铁道部另行制定。

**第二十七条** 新建、改建旅客车站的平面布置、防火分隔、耐火等级、安全疏散、防烟排烟及消防设施、器材的配备，应严格执行国家和铁道部有关消防技术标准。

**第二十八条** 旅客车站集散厅、售票厅和候车室区域内严禁开设公共娱乐场所，站房其它区域开设公共娱乐场所应设置独立的防火分区。站房内设置的餐饮、售货等营业性场所，应符合消防安全规定。

**第二十九条** 旅客车站的电气设备、线路必须符合国家有关电气安全技术标准，并由持有合格证的专业人员负责安装、维修。严禁违章使用电热器具，严禁超负荷用电，严禁擅自拉接临时电气线路。

**第三十条** 车站行包房按货物仓库严格消防管理，车站应加强监督检查。站台临时堆放行包应在指定区域，不得堵塞消防通道，不得埋压、圈占、遮挡消防设施。

**第三十一条** 站区内进行机车、空调车加油以及电焊、气割等火灾危险性作业，应划定安全区域、配备灭火器材、实施专人监护。

**第三十二条** 车站应严格落实易燃易爆危险物品查堵措施。车站配置的危险品检查仪，应保持状态良好，运转正常。

**第三十三条** 车站应向旅客宣传铁路站车防火防爆的规定。严禁携带易燃易爆危险物品进站上车，严禁在候车室等禁烟场所吸烟，不得在通道处堆放行李物品，不得擅自动用消防设施、器材。

**第三十四条** 候车室、集散厅、售票厅、旅客通道内应设置应急照明灯和疏散指示标志，疏散通道应保持畅通。

## 第三节　货物运输防火

**第三十五条** 装载货物的车辆应保持门窗完好，顶棚严密，防火板安装符合部颁标准。地板破损的应采取防火铺垫措施。

**第三十六条** 沿零办公车、装载生火加温货物车辆的火炉、烟筒、垫板、护栏应安装牢固，烟筒与车顶四周必须用隔热材料填充。

**第三十七条** 货物包装必须符合防火要求，货物装载执行配装规定，严格计量，严禁超高、超载。

**第三十八条** 用敞车装载易燃货物或用易燃材料作包装衬垫的

货物，装载应紧密牢固，使用防火性能良好的篷布严密苫盖。

**第三十九条** 运输腐朽木材应采取喷涂防火剂、钉板等防火措施。

**第四十条** 凡装运钢锭、焦炭、炉灰等易含有火种的货物和装车前温度较高、易发生自燃的货物，必须进行冷却，确认安全后方准装车。

**第四十一条** 货运员要认真执行监装、监卸责任制，做好装车后的检查，防止发生普通货物中夹带易燃易爆危险物品。装卸作业中严禁明火照明和吸烟。

**第四十二条** 对生火加温的货车和液化气罐车，托运人应派熟悉货物性质的人员押运，并根据需要携带消防器材及必要的工具。

**第四十三条** 编组调车作业中，对装有易燃易爆危险货物的车辆，必须严格执行有关禁止溜放、限速连挂、编组隔离的规定。

**第四十四条** 编组站（场）根据需要设置固定的装载压缩气体、液化气体车辆的停留线，线路两端道岔应扳向不能进入该线的位置并加锁。停留线附近不得有杂草和其他易燃物，严禁明火作业。装载危险货物的车辆因编组作业需临时在非固定线路上停留时，禁止在该线进行溜放作业。

**第四十五条** 机械保温列车（车组）由配属单位负责防火管理。列车上的柴油发电机组、蓄电池、储油设备、电控装置、炉灶，必须符合防火安全要求，确认良好后方准挂运。

**第四十六条** 货运员、货运检查员、车号员必须认真检查货物列车防火安全状态，包括车辆门窗关闭（需通风的货物除外），危险货物车编组隔离，篷布苫盖、捆绑，腐朽木材防火处理是否符合规定，以及罐车有无泄漏，罐盖配件是否齐全完好，有无扒乘货车人员，并向押运人员宣传防火注意事项。货物押运人员应遵守《押运员须知》的规定。编入货物列车的厂修客车，押运人员不得使用明火照明和使用自备的炉具做饭、取暖。

**第四十七条** 铁路运输企业应在分界站对进入的货物列车防火安全情况进行检查。对检查中发现的问题应及时处理，做好记录通报有关单位。对有严重火灾隐患的货车应甩下处理。

**第四十八条** 检查装有易燃易爆危险货物的车辆禁止用明火照明，检修装有可燃货物车辆时禁止使用电、气焊及其他喷火花的工具。

**第四十九条** 车站对在专用线装载的列车（车辆）或托运人自行装载的车辆，应严格检查，确认防火安全状态良好方可挂运。

**第五十条** 机车乘务员应认真执行机车防火有关规定，有关行车人员要认真瞭望，注意观察列车运行状态，发现火情立即通报有关部门，并采取相应措施，迅速扑救。

**第五十一条** 列车在高坡区段运行时，机车乘务员应按规定的操纵示意图操纵机车，动力制动和空气制动联合使用，防止闸瓦磨托引起火灾。

**第五十二条** 装有危险货物的车辆需要摘下施修时，在车站停留时间不得超过两天。车辆调动时，必须按规定隔离。车辆维修和倒装应在指定的安全区域进行。

**第五十三条** 沿线停车站要维护好治安秩序，防止扒车人员动火引起火灾事故。

## 第四节　重点行车场所防火

**第五十四条** 通信、信号、信息、电力、行车调度等重点行车场所的建筑耐火等级、室内装修必须符合有关消防技术标准。

**第五十五条** 电力、通信、信号电缆穿过房间隔墙、楼板处应采用防火堵料进行封堵。信号楼内的竖向风道、电缆竖井、电缆盒(槽)、走线架、地沟盖板等均应采用不燃或难燃材料。

**第五十六条** 电力电缆与通信信号电缆应敷设在不同的沟、井内，必须在一起敷设时，应加设不导电、不燃烧的隔板进行分隔。室外地下敷设的电力、通信、信号电缆应采取填埋、密封等防火措施。

**第五十七条** 机房、主控室及其它电气设备用房内严禁吸烟和堆放杂物，严禁违章使用电热器具。

**第五十八条** 油浸变压器和含油电气设备应设置储油或挡油设施。

## 第五节 货场仓库防火

**第五十九条** 货场仓库防火应严格执行公安部《仓库防火安全管理规则》。

**第六十条** 货场应设置醒目的防火标志，货场内严禁吸烟和燃放烟花爆竹。

**第六十一条** 进入货场的机动车辆应安装防火罩。装载货物的机动车不得进入仓库。

进入货场的蒸汽机车应按规定装设火星网，不准在货场内清炉。

**第六十二条** 货场内动用明火时，须经单位消防安全管理人批准，办理《动火证》，并采取严格的安全措施。明火作业后应派人监护，确认安全后方可离开。

**第六十三条** 铁路货运仓库属综合性中转仓库，其储存货物危险性分类，危险货物按甲类管理，易燃货物和普通货物均按丙类管理。

**第六十四条** 危险货物应按性质和保管要求，存放在指定的仓库、雨棚和货区。易燃气体、液体应存放在荫凉通风地点。遇潮或受阳光照射易产生有毒气体或燃烧爆炸的危险货物，不得在露天存放。危险货物的存放保管，执行《危险货物配装表》的规定，对不能配装或灭火方法相互抵触的危险货物，必须采取隔离措施。

**第六十五条** 库存及露天存放的货物，应分类、分批、分垛码放。整车货物垛与垛间距不应小于 1.0 米，零担货物堆码也应留出防火间距。危险货物每垛占地面积不宜大于 50 平方米。货物堆码不得埋压圈占消火栓。主要通道宽度不应小于 2.0 米。

**第六十六条** 危险货物应按规定标准包装。承运时应严格检查，严防跑、冒、滴、漏，确认无变质、分解、阴燃等现象，方可入库。

**第六十七条** 危险货物专用仓库的布局、分类不得擅自改变，如需改变时，应报上级主管部门批准。

危险货物运量小的车站，可根据危险货物的性质，在普通仓库内分隔或划出专用货位，但必须与其他货物保持必要的防火间距，采取严密的防火措施，并报经上级主管部门批准。

**第六十八条** 危险货物专用仓库内不准设办公室、休息室。普通货物仓库内设办公室，必须与库房建筑做防火隔断，取暖火炉的烟囱要加设防火网（罩）。

**第六十九条** 装卸、搬运危险货物应使用防爆叉车并随车配备性能良好的灭火器。其他装卸工具也应采取防火花措施。

**第七十条** 危险货物装卸作业时，应严格执行《铁路危险货物运输规则》中有关防火安全的规定。

**第七十一条** 货物仓库的电气装置，应符合国家有关电气设计规范和施工安装验收标准的规定。危险货物仓库、油库的电气装置，应符合《爆炸和危险环境电力装置设计规范》的规定。

**第七十二条** 货物仓库使用新型照明灯具，必须报经主管部门批准。仓库内照明设备的开关、配电盘必须安装在库外，禁止使用不合格的保险装置。仓库内敷设的配电线路，应穿套金属管或阻燃套管保护。

仓库内不准使用电炉、电烙铁、电熨斗等电热器具和电视机、电冰箱等家用电器。

**第七十三条** 存放危险货物和易燃货物的仓库内不准安装使用移动照明灯具，应使用专用的防爆型库房灯具。

装卸作业时，货车内使用的移动式照明灯具应采用安全电压，其变压器、开关、电源插座不准安装在库内。

## 第六节　建设工程和施工工地防火

**第七十四条** 铁路建设、设计、施工、工程监理单位应当遵守消防法规、国家和铁道部工程建设消防技术标准，建立建设工程消防质量管理责任制度，对建设工程消防设计、施工质量负责。

**第七十五条** 铁路公安机关消防机构依法实施铁路建设工程消防设计审核、消防验收和备案抽查。

**第七十六条** 按照国家工程建设消防技术标准需要进行消防设计的建设工程，除本办法第七十七条另有规定的外，建设单位应当自依法取得施工许可之日起7个工作日内，将消防设计文件报铁路公安机关消防机构备案，铁路公安机关消防机构应当进行抽查。

**第七十七条** 铁路大型人员密集场所和其他特殊建设工程，建设单位应当将消防设计文件报送铁路公安机关消防机构审核。铁路公安机关消防机构依法对审核的结果负责。

**第七十八条** 依法应当经铁路公安机关消防机构进行消防设计审核的铁路建设工程，未经依法审核或者审核不合格的，负责审批该工程施工许可的部门不得给予施工许可，建设单位、施工单位不得施工；其他建设工程取得施工许可后经依法抽查不合格的，应当停止施工。

**第七十九条** 依法应当进行消防验收的铁路建设工程，未经消防验收或者消防验收不合格的，禁止投入使用；其他铁路建设工程经依法抽查不合格的，应当停止使用。

**第八十条**　超出现行国家消防技术标准适用范围以及按照现行国家消防技术标准进行防火分隔、防烟排烟、安全疏散、建筑构件耐火等设计时，难以满足工程项目特殊使用功能的，可按有关规定采用建设工程消防性能化设计评估方法，经专家论证后完善消防设计。

**第八十一条**　铁路建设工程施工工地的消防安全管理由工程建设指挥部负责。工程建设指挥部应建立防火组织，制定用火用电、禁止吸烟、易燃易爆物品、施工垃圾、值班巡守、动火作业等消防安全管理制度，落实防火责任制。

工程建设指挥部应与施工单位签订消防安全责任书，明确各自消防安全责任，按照公安部《关于建筑工地防火基本措施》的规定，加强管理。

**第八十二条**　施工现场的作业、办公、材料存放、住宿等区域应分开布设，防火间距、间隔、通道应满足消防安全要求。

**第八十三条**　施工现场必须设置相应的临时消防给水设施和灭火器材。

# 第三章　监督检查

**第八十四条**　铁路运输企业应当落实消防工作责任制，对所属各部门履行消防安全职责的情况进行监督检查。

各部门应当结合铁路运输和季节特点，有针对性地组织消防安全检查和开展消防安全专项整治活动，及时整改火灾隐患。

**第八十五条**　铁路公安机关消防机构对各单位遵守消防法律、法规情况依法进行监督检查。并根据铁路火灾规律、运输生产特点和重大节日、重大活动等消防安全需要，进行重点抽查。

公安派出所、乘警队对管辖区域内各单位和旅客列车开展消防监督检查。

**第八十六条** 铁路公安机关消防机构在消防监督检查中发现重大火灾隐患时，应书面告知铁路运输企业。铁路运输企业对重大火灾隐患应当挂牌督办，对可能危及公共安全的危险部位或场所应当停止使用。

**第八十七条** 铁路公安机关消防机构及其工作人员应当按照法定的职权和程序进行消防设计审核、消防验收和消防安全检查，做到公正、严格、文明、高效。

铁路公安机关消防机构及其工作人员进行消防设计审核、消防验收和消防安全检查等，不得收取费用，不得利用消防设计审核、消防验收和消防安全检查谋取利益。

**第八十八条** 铁路公安机关消防机构及其工作人员执行职务，应当自觉接受单位和公民的监督。

**第八十九条** 铁路公安机关消防机构应根据公安部《消防监督技术装备配备》有关规定配备交通、通讯工具和消防检测、勘查、宣传器材、设备以及个人防护装备，提高工作质量。

## 第四章　火灾扑救和事故调查

**第九十条** 铁路运输企业及所属单位应当制定火灾事故应急预案，建立应急响应和处置机制，为灭火救援工作提供保障。定期组织火灾应急处置实战演练，消防重点单位和旅客列车每年不少于2次。

发生火灾的单位应立即向上级主管部门和公安机关报告。上级主管部门和铁路公安机关接到火灾报告后，应启动相应级别的火灾事故应急预案，及时组织有关人员赶赴现场。

发生火灾事故，铁路运输企业和铁路公安机关应立即向铁道部主管部门报告。

**第九十一条** 车站应制定接入和扑救起火列车的应急预案，相关内容应列入车站《工作细则》。有关行车人员发现列车发生火灾时应立即向车站报警。车站接到报警后应启动火灾事故应急预案，同时向上级调度报告，并向119报警。

列车在区间发生火灾必须停车时，按照《铁路技术管理规程》中"列车在区间被迫停车规定"办理。

起火列车在区间停车时的扑救工作，在邻近车站站长和公安消防人员赶到前，旅客列车由列车长负责，货物列车由运转车长负责，没有运转车长的由牵引机车司机负责。

车站站长为扑救列车火灾，有权调用站内各单位的人员、车辆、灭火器材和工具。

**第九十二条** 铁路公安消防队、专职消防队、义务消防队接到火灾报警后，必须立即赶赴火灾现场，救助遇险人员，排除险情，扑灭火灾。

**第九十三条** 火灾事故原因调查按《中华人民共和国消防法》及公安部《火灾事故调查规定》执行，由铁路公安机关消防机构负责实施。

货车火灾和地面火灾，由发生地铁路公安机关消防机构组织调查。旅客列车、机车、机械保温车和特种车辆火灾，由发生地铁路公安机关消防机构组织调查，如发生火灾的上述机车、车辆系非管辖单位配属的，应将有关调查材料移交给所属铁路公安机关消防机构，由后者负责火灾事故原因认定和火灾统计。

因火灾事故造成的铁路交通事故按火灾事故调查。

**第九十四条** 凡发生火灾事故，都应本着"四不放过"的原则，查明原因，认定责任，严肃处理。

**第九十五条** 火灾事故统计按国家统计局、劳动部、公安部 1996 年印发的《火灾统计管理规定》执行。因铁路交通事故造成的火灾，也列为火灾事故统计，火灾直接财产损失只计算被烧毁部分。

# 第五章 附 则

**第九十六条** 铁路运输企业可依据本办法制定实施办法。

**第九十七条** 本办法由铁道部公安局负责解释。

**第九十八条** 本办法自 2009 年 6 月 1 日起施行。

# 附 录

## 铁路旅客列车消防安全管理规定

铁道部关于印发铁路旅客列车消防安全管理规定的通知

铁公安〔2010〕89 号

各铁路局，专业运输公司：

现印发《铁路旅客列车消防安全管理规定》，自 2010 年 7 月 1 日施行。铁道部前发《铁路旅客列车消防管理规定》同时废止。

铁道部（章）

二〇一〇年六月十七日

## 第一章 总 则

**第一条** 为加强旅客列车消防安全管理，预防火灾事故，减少火灾危害，保障铁路运输生产和旅客生命财产安全，根据《中华人民共和国消防法》、《铁路消防管理办法》等法律和相关规定，制定本规定。

**第二条** 旅客列车消防安全管理贯彻"预防为主，防消结合"的方针，按照"铁道部统一领导，监管部门依法监督，运输企业全面负责，职工群众积极参与"的原则，实行消防安全责任制。

**第三条** 旅客列车消防安全工作是铁路运输安全的一项重点工作，必须明确责任，完善制度，加强管理，严格考核，确保安全。

**第四条** 旅客列车和备用、库停、站停客车的消防安全管理，适用本规定。

## 第二章 消防安全责任

**第五条** 铁路运输企业应认真贯彻执行消防法律、法规和规章，制定旅客列车消防安全管理制度，组织消防安全教育培训，开展消防安全检查，消除火灾隐患，落实消防安全责任制。

旅客列车消防安全管理由客运、车辆部门负责。

铁路公安机关和安全监察部门应依法履行监督检查职责，督促有关部门和单位落实消防安全措施，消除火灾隐患。

铁路行包运输、多元经营部门均应依照有关规定制定相应的消防安全管理制度，明确责任，严格管理。

**第六条** 客运部门职责

（一）建立健全并组织实施客运系统的消防安全管理制度和火灾事故应急预案。

（二）组织客运系统开展消防安全检查，督促有关单位落实火灾隐患整改措施。

（三）对客运人员进行消防安全教育培训。

（四）组织落实客运人员岗位防火责任制，加强消防安全管理考核。

（五）采取多种方式向旅客宣传防火安全知识。

（六）协助铁路公安机关组织查堵易燃易爆危险品。

（七）组织有关人员对餐车炉灶台面、墙壁、抽油烟机、排烟罩、烟道的表面可见部位油垢进行清理。

（八）负责旅客列车火灾现场旅客的应急疏散紧急施救组织工作。

**第七条　车辆部门职责**

（一）建立健全并组织实施车辆系统的消防安全管理制度和火灾事故应急预案。

（二）负责车辆设备检修，确保运用客车达到出库质量标准，消除火灾隐患。

（三）组织开展客车消防安全检查，及时发现、处理违章行为和设备故障，保证车辆工作人员严格执行作业标准，保证设备状态良好。

（四）对车辆工作人员进行消防安全培训。

（五）负责消防设备、器材的配备和维护管理。

（六）负责制定车辆设备设施的安全操作规程。

（七）负责清除餐车排风扇、车顶表面及烟筒口、帽的油垢。

（八）组织落实备用客车的看守措施。

**第八条　安全监察部门职责**

（一）依法对旅客列车消防安全管理实施监督检查，督促火灾隐患整改。

（二）督促有关部门和单位制定实施消防安全管理制度、考核办法。

**第九条　铁路公安机关职责**

（一）依照消防法律法规和技术标准对旅客列车消防工作实施监督检查，督促有关单位整改火灾隐患，依法查处消防安全违法行为。

（二）监督检查有关部门和单位制定实施消防安全管理制度和火灾事故应急预案，落实消防安全责任制。

（三）督促、指导有关部门和单位做好对旅客列车相关工作人员的消防安全教育培训。

（四）制定乘警消防监督检查的工作内容、标准和程序，督促乘警落实消防监督检查职责。

（五）组织查堵易燃易爆危险品。

（六）负责客车火灾事故调查。

## 第三章　消防组织和岗位职责

**第十条**　旅客列车的消防安全工作在列车长的领导下，实行岗位防火责任制。

**第十一条**　旅客列车应建立由列车长为组长，乘警长、车辆乘务人员为成员的消防安全小组，履行下列职责：

（一）认真贯彻执行上级有关消防工作的规定和要求，每月召开一次消防安全小组会议，总结安排消防工作。

（二）组织乘务人员认真学习消防知识，提高防火灭火技能。

（三）建立乘务班组消防安全考核制度，定期考核，督促乘务人员落实岗位防火责任制。

（四）按岗位职责落实消防安全管理制度，及时消除火灾隐患。

（五）做好对旅客的消防安全宣传，落实易燃易爆危险品查堵措施。

（六）组织乘务班组义务消防队定期演练。

（七）建立旅客列车消防安全台账。

**第十二条**　旅客列车应建立义务消防队，由列车长任队长，乘警长、车辆乘务人员任副队长，下设指挥组、疏散组、灭火组、伤员抢救组、警戒组，根据乘务人员的具体情况，合理分工，明确职责，进行演练。

**第十三条**　旅客列车应建立消防安全台账（配备微机的可建立电子台账），由列车长负责填写和管理。旅客列车消防安全台账应包括以下主要内容：

（一）上级有关消防工作的文件（复印件或摘抄件）。

（二）列车编组及乘务人员概况。

（三）列车消防安全领导小组名单。

（四）火灾事故应急预案及人员分工。

（五）消防安全会议记录。

（六）乘务人员消防安全培训记录。

（七）乘务人员上岗证登记。

（八）餐车油垢清扫记录。

（九）"三乘"联检记录。

（十）消防器材登记。

**第十四条** 列车长岗位职责

（一）负责领导指挥乘务人员落实旅客列车消防安全管理规定，贯彻上级有关消防工作部署和要求，接受上级消防检查。

（二）主持召开消防安全小组会议，总结分析、安排布置消防工作。

（三）检查督促乘务人员落实岗位防火责任制，组织乘务人员做好车底停留期间的看守。

（四）组织乘务人员学习消防知识，提高防火灭火技能。

（五）组织"三乘"联检，针对检查发现的问题，按职责分工进行整改，做好记录。

（六）采取多种形式向旅客宣传防火、防爆安全知识，做好查堵易燃易爆危险品工作。

（七）列车发生火灾时，启动火灾事故应急预案，做好旅客疏散组织和扑救工作。

（八）按规定填写消防安全台账。

**第十五条** 车辆乘务人员岗位职责

（一）负责车辆设备的检查、维修和保养，保证设备状态良好。

（二）参加"三乘"联检，做好检查、交接，针对设备存在问题及时进行整改。

（三）运行中按规定巡视检查，发现违章操作及时纠正，发现隐患故障及时处置。

（四）列车发生火灾时，按预案做好应急处置。

**第十六条　乘警岗位职责**

（一）负责列车消防监督检查工作。

（二）配合列车长做好对乘务人员的消防知识教育和对旅客的防火宣传。

（三）督促乘务人员落实岗位防火责任制，制止和查处消防安全违法行为。

（四）参加"三乘"联检，做好记录，督促整改。

（五）负责组织乘务人员做好易燃易爆危险品查堵。

（六）列车发生火灾时，按预案做好应急处置。

**第十七条　列车员岗位职责**

（一）严格遵守消防安全规章制度，坚守岗位，落实防火措施。

（二）严格执行各项操作规程，正确使用车辆设备，发现故障及时报告。

（三）掌握常见易燃易爆危险品的种类、性质和识别方法，做好查堵工作。

（四）认真巡视，劝阻和制止旅客在车厢内吸烟。

（五）列车发生火灾时，按预案做好应急处置。

**第十八条　行李员（邮政工作人员）岗位职责**

（一）严格执行交接和监装监卸制度，防止夹带易燃易爆危险品的货物上车，督促装卸人员按规定堆码货物。

（二）按规定巡视，及时发现货物异常情况，妥善处置。

（三）向押运人员宣传防火注意事项，做好身份登记，收缴火种，制止吸烟、动用明火等违章行为。

（四）行李车（邮政车）发生火灾时，及时报告，正确处置。

**第十九条** 餐车人员岗位职责

（一）餐车长负责餐车的防火工作，其他人员做好本岗位的防火工作。

（二）出库前认真检查炉灶、电气设备安全状况及灭火器材是否齐全有效，发现隐患及时通知有关人员处理。

（三）按规定清除餐车油垢。

（四）严格按操作规程使用炉灶。

（五）严格执行食品加工安全操作规定，落实值班看守制度。

（六）列车发生火灾时，按预案做好应急处置。

## 第四章　火灾预防

**第二十条**　客车的生产、维修应严格执行铁道部颁布的相关技术标准，保证质量。验收主管部门和运用单位要严格按质量标准验收，达不到标准的不得接收。

**第二十一条**　客车采用的非金属材料必须是不燃、难燃材料，其燃烧性能和产烟毒性必须符合国家和铁道部有关技术标准。

**第二十二条**　客车电气设备、消防设施器材和非金属材料所采用的产品应是经国家有关质量监督主管部门鉴定合格的产品。

**第二十三条**　客车电气绝缘、防雷、电气接地、漏电、过流、过热、防水防潮保护及线路敷设、连接应符合相关技术标准。

**第二十四条**　旅客列车出库前应进行全面的车辆设备检查，达到《铁路客车运用维修规程》规定的质量标准，达不到标准的不得上线运行。

**第二十五条**　乘务人员应认真履行岗位防火职责，遵守各项操作规程，严格按标准化作业。

**第二十六条**　严格执行"三乘"联检制度。旅客列车始发前，由列车长组织乘警、车辆乘务人员，对用火用电设备及消防设施、器材进行全面检查，运行中重点检查，终到后彻底检查。检查情况由检查人员分别签字确认，严禁代签、漏签。

第二十七条　运行中列车长、乘警、车辆乘务人员每2小时应进行一次防火巡查，并在发电车、邮政车、行李车的巡查记录上签字。

第二十八条　对列车始发前检查发现的设备故障，车辆部门应及时处置，消除隐患；对列车运行中发现不能当场处置的，应采取临时措施确保安全，按规定报告并如实记录；危及行车安全的，应立即停车处理。

第二十九条　乘务人员必须经过全面的消防安全培训，人人达到"三懂三会"（即：懂得本岗位的火灾危险性，懂得预防火灾的措施，懂得扑救火灾的方法；会报警，会使用灭火器，会扑救初起火灾），熟记岗位防火职责和火灾事故应急处置基本要求，做到严格考核，持证上岗。保洁人员上岗前也应进行消防安全培训，持证上岗。

第三十条　操作"两炉一灶"和空调、火灾报警器等设备的乘务人员，应经过专门的消防知识培训，取得合格证后方可上岗。

第三十一条　车辆电气设备必须保持状态良好，电器元件应安装牢固，接线及插座无松动，按钮开关、指示灯作用良好；严禁乱拉电线和违章安装、更换电气装置、元件；严禁擅自使用电热器具等电器。

第三十二条　配电室内禁止存放物品，配电箱、控制箱内及上部不得放置物品，门锁必须良好，人离锁闭；可燃物品不得贴靠电采暖装置。

第三十三条　车辆电气绝缘应符合要求，漏电保护、电气接地等装置应匹配、有效。车辆电气绝缘测试、设备巡检和交接应有记录；严禁用水冲刷地板。

**第三十四条** 餐车配备的电烤箱、微波炉、电磁炉等餐饮炉具使用时，操作人员不得离岗。

**第三十五条** 发电车乘务员应严格执行操作规程，落实防火制度，确保柴油发电机组及附属设备状态良好，阀门、管路连接部位紧固，油箱及其他各部位不得有积油和油垢，禁止乱堆乱放物品，棉纱应放在指定容器内。

**第三十六条** 客车取暖和蒸饭锅炉、茶炉应配件齐全、状态良好，落实点火试验和交接制度。使用中，乘务人员应按规定检查水位（压）表、水温表、验水阀、水循环状况，做到不漏水、不超温，严禁缺水、干烧。炉灰应先用水浸灭后再处置，炉室内不准堆放杂物，离人加锁。

**第三十七条** 餐车炉灶、锅炉烟囱防火隔热装置应完好有效，餐车入库应压火。

**第三十八条** 列车运行中，餐车严禁炼油，使用燃煤炉灶油炸食品和过油时，油量不得超过容器容积的三分之一。

**第三十九条** 应定期对餐车炉灶台面、墙壁、抽油烟机、排烟罩、烟道、排风扇、车顶外表面和烟筒口、帽的油垢进行清除，保持清洁，并填写记录。

**第四十条** 循环水泵箱、检查孔、观察孔、煤厢、取暖器防护罩内部应保持清洁无杂物；停用的炉室应彻底清除可燃物，加固锁闭。

**第四十一条** 邮政车、行李车货仓应留有安全通道，宽度不小于0.5m，不得堵塞端门、边门，货物堆码不得超高。邮政车、行李车严禁使用明火或电炉烧水做饭，未经铁道部车辆主管部门批准严禁擅自增设使用各种电器。

**第四十二条** 乘务室、配电室、餐车储藏室、广播室、检车工具间、宿营车、行李车、邮政车、发电车禁止烟火。

不吸烟车厢应有禁止吸烟标志，乘务人员要对在车厢内吸烟的旅客进行劝阻，提醒旅客不得乱扔烟头火种；吸烟处应有明显标志并配备烟灰盒，地板和壁板应保持完好，无孔洞和缝隙。

**第四十三条** 列车上的通道必须保持畅通，不得堵塞车门。

**第四十四条** 对查获或旅客交出的易燃易爆危险品应由乘警做好登记，交前方停车站处理。对烟花爆竹、火药等须用水浸湿；对判明不了性质的物品，严禁在车上进行试验。

**第四十五条** 列车应通过图形标志、电子显示、广播宣传等多种方式，向旅客进行禁止吸烟、严禁携带易燃易爆危险品、逃生知识和灭火器、紧急破窗锤使用方法等消防安全宣传。

**第四十六条** 客车车底在车站、车辆段、客车技术整备所及其他场所停放或停留时，客运、车辆部门应按规定组织人员看守。铁路运输企业应制定看守制度，明确责任，落实到人。保洁人员不得在车上留宿。

**第四十七条** 客车灭火器配置和维修应符合下列规定：

（一）客车车厢（双层客车每层）配备 2kg ABC 干粉灭火器和 2L 水型灭火器各 2 具；灭火器应设置在车厢两端适当位置（每端各 2 具）。

（二）行李车、邮政车、餐车各配备 4 具 4L 水型灭火器，行李车配备 35L 推车式水型灭火器 1 具；行李车、邮政车的灭火器应设置在工作间内，餐车的灭火器应设置在餐厅。

（三）发电车配备 4L 水型灭火器 8 具，其中机房内 6 具，工作间 2 具；冷却间配备 25kg 推车式 ABC 干粉（或 35L 水型）灭火器 1 具。

（四）客车配备的灭火器应适应环境温度，适于扑救 A 类（固体）、B 类（液体）、C 类（气体）和 E 类（带电）火灾；挂具应采用套筒结构，安装牢固、便于取用，底部离地面一般不超过 1400mm。

（五）干粉灭火器维修期限为 1 年，水型灭火器为 3 年。灭火器应由专业维修企业按照国家有关规定进行维修，张贴维修标志，并在灭火器筒体上涂打到期时间（XXXX 年 XX 月到期）。

**第四十八条**　做好灭火器日常维护保养和管理，保证处于良好状态。灭火器上不得搭挂物品，严禁挪作他用。

**第四十九条**　空调客车应按有关规定配备紧急破窗锤；餐车厨房应配备 2 条灭火毯；发电车、行李车、邮政车各配备 2 具防烟毒面具。

**第五十条**　客车安装的火灾自动报警装置应定期检测、维修，保持作用良好。

**第五十一条**　定期组织旅客列车消防安全检查。铁路运输企业每半年进行一次检查；主管部门每季度进行一次检查；客运段、车辆段每月进行一次检查。

# 第五章　火灾应急处置

**第五十二条**　铁路运输企业应根据《铁路火灾事故应急预案》，制定《旅客列车火灾事故应急预案》和《车站处置旅客列车火灾事故应急预案》，定期组织演练，提高处置能力。

**第五十三条**　旅客列车发生火灾时，事故现场的铁路运输企业工作人员或者其他人员应立即向邻近铁路车站、列车调度员和公安机关报告，有关部门接到报告后，应按规定逐级上报，拨打 119 报警。铁路运输企业应立即启动应急预案，迅速有效地进行处置。应急处置的基本要求是：

（一）立即停车。列车运行中发生火灾威胁行车和旅客人身安全时，应立即停车（停车地点应尽量避开特大桥梁、长大隧道等）。

电气化区段并应立即通知牵引供电部门停电。

（二）疏散旅客。列车发生火灾时，乘务人员应迅速向列车长报告，组织起火车厢旅客向邻近车厢或地面安全地带疏散，采取措施稳定旅客情绪，同时要防止发生旅客跳车、趁火打劫等意外事件。

（三）迅速扑救。列车长接到火灾报告后，应立即组织指挥义务消防队，携带灭火器赶到起火车厢，确认火情，迅速扑救。

（四）切断火源。停车后，列车需要分隔时，司机、运转车长、车辆乘务员应迅速将起火车辆与列车分离，切断火源，防止蔓延。

（五）设置防护。对甩下的车辆，由车站值班员（在区间由司机、运转车长和车辆乘务员）负责采取防护措施。

（六）报告救援。列车长和乘警应立即向上级机关和行车调度报告事故情况，请求救援。

（七）抢救伤员。在疏散旅客、迅速扑救火灾的同时，如有被火围困或受伤人员应立即抢救。

（八）保护现场。在扑救火灾的同时，乘警应维护好秩序，防止发生混乱，禁止无关人员进入，保护好火灾现场。未经公安机关消防机构同意不得擅自清理火灾现场。

（九）协助查访。乘务人员应协助公安机关调查火灾情况，积极提供线索。

（十）认真取证。乘警应及时开展调查取证，注意发现肇事者并及时控制，妥善保管物证，为现场勘察、认定火灾原因创造有利条件。

**第五十四条** 旅客列车在区间发生火灾，当上级领导和公安消防队未到达时，火灾事故应急处置由列车长组织指挥。火灾扑灭后，列车长、乘警长、车辆乘务人员要对起火部位进行检查，确认火已完全熄灭，在确保安全的情况下，列车可继续运行。列车在区间被迫停车时，邻近车站应组织人员、消防器材赶赴现场救援。

列车在车站发生火灾或起火列车进站后，火灾事故应急处置由车站站长组织指挥，立即启动《车站处置旅客列车火灾事故应急预案》。公安消防队到达后，火灾扑救工作由公安消防队统一指挥。

**第五十五条** 各有关部门接到事故报告后，应立即按照预案响应程序，组织力量、调集救援物资装备赶赴现场，各尽其职，各负其责，保证事故救援高效、快速、有序进行。铁路公安机关要维护好现场秩序，开展火灾事故调查。

## 第六章 附 则

**第五十六条** 铁路运输企业应根据本规定制定实施细则，报铁道部备案。

**第五十七条** 动车组列车、进（西）藏旅客列车消防安全管理另行规定。

**第五十八条** 本规定由铁道部公安局负责解释。

**第五十九条** 本规定自 2010 年 7 月 1 日起施行。铁道部前发《铁路旅客列车消防管理规定》同时废止。

全国普法学习读本

★ ★ ★ ★ ★

>>>>>>>>>

# 公共场所消防法律法规学习读本

## 一般公共场所消防法律法规

■ 魏光朴　主编

加大全民普法力度，建设社会主义法治文化，树立宪法法律
至上、法律面前人人平等的法治理念。

——中国共产党第十九次全国代表大会《决胜全面建
成小康社会　夺取新时代中国特色社会主义伟大胜利》

汕头大学出版社

## 图书在版编目（CIP）数据

　　一般公共场所消防法律法规／魏光朴主编 . -- 汕头：
汕头大学出版社，2023.4（重印）
　　（公共场所消防法律法规学习读本）
　　ISBN 978-7-5658-3338-0

　　Ⅰ . ①一… Ⅱ . ①魏… Ⅲ . ①消防法 - 中国 - 学习参
考资料 Ⅳ . ①D922.144

　　中国版本图书馆 CIP 数据核字（2018）第 000994 号

一般公共场所消防法律法规　YIBAN GONGGONG CHANGSUO XIAOFANG FALÜ FAGUI

主　　编：魏光朴
责任编辑：邹　峰
责任技编：黄东生
封面设计：大华文苑
出版发行：汕头大学出版社
　　　　　广东省汕头市大学路 243 号汕头大学校园内　邮政编码：515063
电　　话：0754-82904613
印　　刷：三河市元兴印务有限公司
开　　本：690mm×960mm 1/16
印　　张：18
字　　数：226 千字
版　　次：2018 年 1 月第 1 版
印　　次：2023 年 4 月第 2 次印刷
定　　价：59.60 元（全 2 册）
ISBN 978-7-5658-3338-0

# 前　言

习近平总书记指出："推进全民守法，必须着力增强全民法治观念。要坚持把全民普法和守法作为依法治国的长期基础性工作，采取有力措施加强法制宣传教育。要坚持法治教育从娃娃抓起，把法治教育纳入国民教育体系和精神文明创建内容，由易到难、循序渐进不断增强青少年的规则意识。要健全公民和组织守法信用记录，完善守法诚信褒奖机制和违法失信行为惩戒机制，形成守法光荣、违法可耻的社会氛围，使遵法守法成为全体人民共同追求和自觉行动。"

中共中央、国务院曾经转发了中央宣传部、司法部关于在公民中开展法治宣传教育的规划，并发出通知，要求各地区各部门结合实际认真贯彻执行。通知指出，全民普法和守法是依法治国的长期基础性工作。深入开展法治宣传教育，是全面建成小康社会和新农村的重要保障。

普法规划指出：各地区各部门要根据实际需要，从不同群体的特点出发，因地制宜开展有特色的法治宣传教育坚持集中法治宣传教育与经常性法治宣传教育相结合，深化法律进机关、进乡村、进社区、进学校、进企业、进单位的"法律六进"主题活动，完善工作标准，建立长效机制。

特别是农业、农村和农民问题，始终是关系党和人民事业发展的全局性和根本性问题。党中央、国务院发布的《关于推进社会主义新农村建设的若干意见》中明确提出要"加强农村法制建设，深入开展农村普法教育，增强农民的法制观念，提高农民依法行使权利和履行义务的自觉性。"多年普法实践证明，普及法律知识，提高法制观念，增强全社会依法办事意识具有重要作用。特别是在广大农村进行普法教育，是提高全民法律素质的需要。

多年来，我国在农村实行的改革开放取得了极大成功，农村发生了翻天覆地的变化，广大农民生活水平大大得到了提高。但是，由于历史和社会等原因，现阶段我国一些地区农民文化素质还不高，不学法、不懂法、不守法现象虽然较原来有所改变，但仍有相当一部分群众的法制观念仍很淡化，不懂、不愿借助法律来保护自身权益，这就极易受到不法的侵害，或极易进行违法犯罪活动，严重阻碍了全面建成小康社会和新农村步伐。

为此，根据党和政府的指示精神以及普法规划，特别是根据广大农村农民的现状，在有关部门和专家的指导下，特别编辑了这套《全国普法学习读本》。主要包括了广大人民群众应知应懂、实际实用的法律法规。为了辅导学习，附录还收入了相应法律法规的条例准则、实施细则、解读解答、案例分析等；同时为了突出法律法规的实际实用特点，兼顾地方性和特殊性，附录还收入了部分某些地方性法律法规以及非法律法规的政策文件、管理制度、应用表格等内容，拓展了本书的知识范围，使法律法规更"接地气"，便于读者学习掌握和实际应用。

在众多法律法规中，我们通过甄别，淘汰了废止的，精选了最新的、权威的和全面的。但有部分法律法规有些条款不适应当下情况了，却没有颁布新的，我们又不能擅自改动，只得保留原有条款，但附录却有相应的补充修改意见或通知等。众多法律法规根据不同内容和受众特点，经过归类组合，优化配套。整套普法读本非常全面系统，具有很强的学习性、实用性和指导性，非常适合用于广大农村和城乡普法学习教育与实践指导。总之，是全国全民普法的良好读本。

# 目　　录

## 高层建筑消防管理规则

## 仓库防火安全管理规则

# 人员密集场所消防安全管理

# 医疗卫生机构灾害事故防范和应急处置

# 高层建筑消防管理规则

公安部〔86〕公（消）字 41 号

（1986 年 5 月 13 日公安部发布）

## 第一章　总　　则

**第一条**　为了加强高层建筑的消防管理，预防和减少火灾危害，保障国家经济建设和人民生命财产的安全，根据《中华人民共和国消防条例》和有关规定，制定本规则。

**第二条**　高层建筑的消防管理，要贯彻"预防为主，防消结合"的方针，本着自防自救的原则，实行严格管理和科学管理。

**第三条**　做好高层建筑的消防工作，是每个职工和居住人员应尽的责任。

**第四条**　本规则适用于建筑高度超过 24 米的宾馆、饭店、医院以及办公楼、广播楼、电信楼、商业楼、教学楼、科研楼等。十层及十层以上的居住建筑，可由房产部门参照本规则实施消防管理。本规则不适于高层工业建筑。

第五条　本规则由高层建筑的设计、施工、经营或使用单位贯彻实施，各级公安消防监督机关实施监督。

# 第二章　管理责任

第六条　高层建筑的消防工作，实行逐级防火责任制，其上级主管部门负责领导。各单位应把预防火灾作为整个管理工作的一个重要部分，使防火工作经常化、制度化。

第七条　高层建筑的施工、经营或使用单位，必须确定一名领导为防火负责人，全面负责消防工作。多家经营或使用的高层建筑，由当地公安消防监督机关与各方协商确定一家牵头，成立有关单位防火负责人参加的防火领导小组，统一管理消防工作。

第八条　高层建筑的经营或使用单位，应设置消防安全机构，或配备防火专职干部和从事消防设施管理、维护的工程技术人员。

第九条　高层建筑的施工、经营或使用单位，应建立义务消防队，并经常训练，定期考核。

第十条　防火负责人的职责：

（一）领导消防安全机构，贯彻执行消防法规；

（二）组织制定、修订各项消防规章制度；

（三）组织部署、检查、总结消防工作，并定期向当地公安消防监督机关报告消防工作情况；

（四）组织防火安全检查，整改火险隐患；

（五）对职工群众进行消防宣传教育；

（六）组织领导义务消防队开展消防工作；

（七）组织管理和维修消防设施、器材；

（八）组织制定紧急状态下的疏散方案；

（九）组织扑救初起火灾和指导安全疏散；

（十）调查火警事故，协助公安消防监督机关调查火灾原因。

# 第三章　防火设计与施工

**第十一条**　新建、扩建和改建高层建筑的防火设计，必须符合《高层民用建筑设计防火规范》和其他有关消防法规的要求。

**第十二条**　高层建筑的防火设计图纸，必须经当地公安消防监督机关审核批准，方可交付施工。施工中不得擅自变更防火设计内容。确需变更的，必须经当地公安消防监督机关核准。

**第十三条**　高层建筑施工现场的消防管理工作，由建设单位与施工单位签订管理合同，并报当地公安消防监督机关备案。

**第十四条**　高层建筑的高级宾馆、饭店和医院病房楼的室内装修，应当采用非燃或难燃材料。

**第十五条**　高层建筑竣工后，其消防设施必须经当地公安消防监督机关检查合格，方可交付使用。对不合格的，任何单位和个人不得自行决定使用。

**第十六条** 高层建筑的经营或使用单位，如改变建筑的使用性质，或进行内部装修时，应事先报经当地公安消防监督机关审批。凡增添的建筑材料、设备和构配件，必须符合消防安全要求。

**第十七条** 在《高层民用建筑设计防火规范》颁发前建造的高层建筑，凡不符合要求的重要消防设施和火险隐患，应采取有效措施，予以整改。

# 第四章 火灾预防

**第十八条** 高层建筑内动用明火作业时，必须由经营或使用单位的消防安全机构批准。动火单位应严格执行动火制度，采取防火措施，做好灭火准备。

**第十九条** 餐厅、舞厅、酒吧间以及游乐场、礼堂、影剧院和体育馆等公共场所，必须按照额定人数售票，场内不准超员。

**第二十条** 建筑物内禁止储存易燃易爆化学物品。教学、科研、医疗等工作必须使用的易燃易爆化学物品，可按不超过一周的使用量储存，并定人、定点、定措施，予以妥善保管。

**第二十一条** 居住宾馆、饭店的旅客，不得将易燃易爆化学物品带入建筑物内。建筑物内严禁焚烧可燃物品，燃放烟花爆竹。严格吸烟、用火、用电管理，防止引起火灾。

**第二十二条** 宾馆、饭店的客房内，不准使用电炉、电熨斗、电烙铁等电热器具。在客房内不得安装复印机、电传打字机等办公设备。确因工作需要的，应经消防安全机构审批。

第二十三条　经营或使用单位的职工，应掌握消防器材的使用方法，熟悉建筑内外的疏散路线。

第二十四条　经营或使用单位，要按照有关电力技术规范的规定，定期对电器设备、开关、线路和照明灯具等进行检查，凡不符合安全要求的，要及时维修或更换。

第二十五条　建筑物内煤气管道系统的仪表、阀门和法兰接头等，必须符合安全要求，并定期检查维修。

第二十六条　建筑物内的走道、楼梯、出口等部位，要经常保持畅通，严禁堆放物品。疏散标志和指示灯，要保证完整好用。

# 第五章　火灾扑救

第二十七条　建筑物内的报警电话及其他报警设备必须保证灵敏好用。高级宾馆和饭店要设有与附近公安消防队直通的火警电话。

第二十八条　消防控制室应设专人昼夜值班，随时观察、记录仪器设备的工作情况，及时处理火警信号。

第二十九条　建筑物内的所有人员，一旦发现火警，必须及时报警，并迅速采取扑救措施。

第三十条　经营或使用单位的领导和消防安全机构的负责人以及义务消防队员、职工，闻警后必须及时赶赴火场，扑救火灾。

第三十一条　宾馆、饭店各楼层服务台的值班人员，在火灾紧急情况下，必须负责引导住客迅速安全转移。客房内应有安全疏散路线指导图。

# 第六章　消防设备

第三十二条　经营或使用单位应当严格按照《高层民用建筑设计防火规范》和有关的规定，设置固定消防设施。

建筑物内的下列部位应当配置相应种类的轻便灭火器材：

（一）餐厅、观众厅、舞台等公共活动场所；

（二）各楼层服务台、电梯前室、走道；

（三）配电室、消防控制室、计算机房、发电机房、图书室、燃油燃气锅炉房和厨房；

（四）车库、可燃物品库房等重要部位。

第三十三条　建筑物内的自动报警和灭火系统，防、排烟设备，防火门、防火卷帘和消火栓等，要定期进行检查测试，凡失灵破损的，要及时维修或更换，确保完整好用。

第三十四条　消防水泵、消防给水管道、消防水箱和消火栓等设施，不得任意改装或挪作他用。

第三十五条　消防给水系统需停水维修时，必须经公安消防监督机关批准。

第三十六条　宾馆、饭店的各楼层宜配备供住客自救用的安全绳或缓降器、软梯、救生袋等避难救生器具。

第三十七条　消防设施、器材的管理人员，对设备要认真管理和维护，并建立档案，记录每次检查情况。

# 第七章 奖 罚

**第三十八条** 经营或使用单位应定期检查总结消防工作，对成绩突出的集体和个人给予奖励。

**第三十九条** 凡具备下列条件之一的个人或集体，可由本单位给予表扬和奖励：

（一）热爱消防工作，积极参加防火、灭火训练，成绩优秀、工作表现突出的；

（二）模范执行防火制度和岗位防火责任制，在预防火灾工作中做出贡献的；

（三）积极参加灭火战斗，抢救国家财产和保护人民生命安全表现突出的；

（四）积极钻研消防业务，提出合理化建议和技术革新成绩突出的；

（五）发现和消除重大隐患者，表现突出的；

（六）及时发现和扑救火灾，避免了重大损失的。

**第四十条** 凡有下列情形之一的，情节较轻的，由经营或使用单位给予经济处罚、行政纪律处分；情节严重的，由公安机关依照治安管理处罚条例的有关规定给予处罚；构成犯罪的，依法追究刑事责任：

（一）擅自将消防设备、器材挪作他用或损坏的；

（二）违反消防法规和制度的；

（三）对存在火险隐患拒不整改的；

（四）造成火灾事故的直接责任人；

（五）贯彻消防法规不力，管理不严或因玩忽职守而引起火灾事故的单位领导人。

# 第八章　附　则

第四十一条　高层建筑的经营或使用单位，可根据本规则结合实际情况制定具体实施办法，报当地公安消防监督机关备案。

第四十二条　本规则自一九八六年七月一日起施行。

# 附　录

## 高层居民住宅楼防火管理规则

（1992 年 10 月 12 日公安部发布）

**第一条**　为了加强高层居民住宅楼防火管理，保障居民生命财产安全，根据《中华人民共和国消防条例》及其实施细则，制定本规则。

**第二条**　高层居民住宅楼的防火工作，本着自防自救的原则，依靠群众，实行综合治理。

**第三条**　本规则适用于十层以上的居民住宅楼。公寓、九层以下的居民住宅楼及平房的防火管理工作可参照执行。

**第四条**　高层居民住宅楼的防火管理实行分工负责制，由市（市辖区）、县公安机关及其派出机构监督实施。

**第五条**　街道办事处组织管理辖区高层居民住宅楼的防火工作。其职责是：

（一）宣传消防法律、法规、规章和防火安全知识；

（二）制定防火制度；

（三）掌握辖区高层居民住宅楼的防火情况，并协调有关方面采取相应措施；

（四）领导居民委员会开展经常性的防火工作；

（五）定期组织防火安全检查；

（六）督促房产管理部门、房屋产权单位和供电、燃气经营等单位整改火险隐患；

（七）领导义务消防组织，指导居民进行扑救初期火灾和安全疏散演练。

**第六条** 居民委员会负责高层居民住宅楼的日常防火工作。其职责是：

（一）制订防火公约，督促居民遵守；

（二）对居民进行经常性的防火安全教育；

（三）组织居民开展防火自查，督促居民整改火险隐患；

（四）定期向街道办事处汇报防火工作情况；

（五）组织居民扑救初期火灾，协助维持火场秩序。

**第七条** 居民所在工作单位，应当积极支持街道办事处和居民委员会做好防火工作。

**第八条** 高层居民住宅楼的房产管理部门、房屋产权单位和供电、燃气经营单位，应当指定有关机构和人员配合街道办事处、居民委员会进行防火管理工作，协助他们采取措施加强防火工作。

**第九条** 楼内消防设施和器材的维修、保养和更换由房屋产权单位负责。房屋产权不属房产管理部门的，房屋产权单位可委托房产管理部门代管代修，费用由房屋产权单位负担。

**第十条** 燃气经营单位应当定期对高层居民住宅的燃气管道、仪表、阀门等进行检查，发现损坏或泄漏的，要及时维修、更换。

**第十一条** 高层住宅楼的居民应当自觉接受街道办事处、居民委员会、房产管理部门、房屋产权单位和供电、燃气经营单位的管理，并遵守下列防火事项：

（一）遵守电器安全使用规定，不得超负荷用电，严禁安装不合规格的保险丝、片；

（二）遵守燃气安全使用规定，经常检查灶具，严禁擅自拆、改、装燃气设施和用具；

（三）不得在阳台上堆放易燃物品和燃放烟花爆竹；

（四）不得将带有火种的杂物倒入垃圾道，严禁在垃圾道口烧垃圾；

（五）进行室内装修时，必须严格执行有关防火安全规定；

（六）室内不得存放超过 0.5 公斤的汽油、酒精、香蕉水等易燃物品；

（七）不得卧床吸烟；

（八）楼梯、走道和安全出口等部位应当保持畅通无阻，不得擅自封闭，不得堆放物品、存放自行车。

（九）消防设施、器材不得挪作他用，严防损坏、丢失；

（十）教育儿童不要玩火；

（十一）学习消防常识，掌握简易的灭火方法，发生火灾及时报警，积极扑救；

（十二）发现他人违章用火用电或有损坏消防设施、器材的行为，要及时劝阻、制止，并向街道办事处或居民委员会报告。

**第十二条** 房产管理部门或房屋产权单位需要改变高层居民住宅楼地下室的用途时，其防火安全必须符合国家有关规范、规定的要求，并经市（市辖区）、县公安机关审核同意。

**第十三条** 凡违反本规则的，根据有关法律、法规、规章的规定予以处罚。

**第十四条** 本规则所称以上、以下，均含本数。

**第十五条** 本规则自发布之日起施行。1986 年公安部颁布的《高层建筑消防管理规则》第四条第二款停止执行。

# 建筑消防设施的维护管理

## （国家标准 GB25201-2010）

## 前　言

本标准的 4.2—4.6、5.2、6.1、7.1、第 8 章、第 9 章、第 10 章为强制性的，其余为推荐性的。

本标准的附录 A—附录 E 均为规范性附录。

本标准由中华人民共和国公安部提出。

本标准由全国消防标准化技术委员会消防管理分技术委员会（SAC/TC 113/SC 9）归口。

本标准起草单位：公安部消防局、江苏省公安厅消防局。

本标准主要起草人：（略）

## 引　言

建筑消防设施按照国家有关法律法规和国家工程建设消防技术标准设置。是探测火灾发生、及时控 制和扑救初起火灾的重要保障。对建筑消防设施实施维护管理，确保其完好有效，是建筑物产权、管理 和使用单位的法定职责。为引导和规范建筑消防设施的维护管理工作，确保建筑消防设施完好有效，依据国家现行法律法规和消防技术标准，制定本标准。

1　范围

本标准规定了建筑消防设施维护管理的内容、方法和要求。

本标准适用于在用建筑消防设施的维护管理。

2 规范性引用文件

下列文件中的条款通过本标准的引用而成为本标准的条款。凡是注日期的引用文件，其随后所有的修改单（不包括勘误的内容）或修订版均不适用于本标准，然而，鼓励根据本标准达成协议的各方研究 是否可使用这些文件的最新版本。凡是不注日期的引用文件。其最新版本适用于本标准。

GB/T 14107 消防基本术语第二部分

GA 503 建筑消防设施检测技术规程

GA 767 消防控制室通用技术要求

3 术语和定义

GB/T 14107 中确定的以及下列术语和定义适用于本标准。

3.1 术语

巡查 exterior inspection

对建筑消防设施直观属性的检查。

3.2 定义

检测 test

依照相关标准．对各类建筑消防设施的功能进行测试性的检查。

4 总则

4.1 建筑消防设施的维护管理包括值班、巡查、检测、维修、保养、建档等工作。

4.2 建筑物的产权单位或受其委托管理建筑消防设施的单位，应明确建筑消防设施的维护管理归口部门、管理人员及其工作职责，建立建筑消防设施值班、巡查、检测、维修、保养、建档等制度．确保建筑消防设施正常运行。

4.3 同一建筑物有两个以上产权、使用单位的，应明确建筑消防设施的维护管理责任，对建筑消防设施 实行统一管理，并以合同方式约定各自的权利义务。委托物业等单位统一管理的，物业等单位应严格按合同约定履行建筑消防设施维护管理职责．建立建筑消防设施值班、巡查、检测、维修、保养、建挡等制 度，确保管理区域内的建筑消防设施正常运行。

4.4 建筑消防设施维护管理单位应与消防设备生产厂家、消防设施施工安装企业等有维修、保养能力的单位签订消防设施维修、保养合同。维护管理单位自身有维修、保养能力的，应明确维修、保养职能部门和人员。

4.5 建筑消防设施投入使用后，应处于正常工作状态。建筑消防设施的电源开关、管道阀门，均应处于正常运行位置，并标示开、关状态；对需要保持常开或常闭状态的阀门，应采取铅封、标识等限位措施；对 具有信号反馈功能的阀门，其状态信号应反馈到消防控制室；消防设施及其相关设备电气控制柜具有控 制方式转换装置的，其所处控制方式宜反馈至消防控制室。

4.6 不应擅自关停消防设施。值班、巡查、检测时发现故障，应及时组织修复。因故障维修等原因需要暂时停用消防系统的，应有确保消防安全的有效措施，并经单位消防安全责任人批准。

4.7 城市消防远程监控系统联网用户，应按规定协议向监控中心发送建筑消防设施运行状态信息和消防安全管理信息。

5 值班

5.1 设有建筑消防设施的单位应根据消防设施操作使用要

求制定操作规程，明确操作人员。

负责消防设施操作人员应通过消防行业特有工种职业技能鉴定，持有初级技能以上等级的职业资格证书，能熟练操作消防设施。消防控制室、具有消防配电功能的配电室，消防水泵房、防排烟机房等重要的消防设施操作控制场所，应根据工作、生产、经营特点建立值班制度，确保火灾情况下有人能按操作规程及时，正确操作建筑消防设施。

单位制定灭火和应急疏散预案以及组织预案演练时，应将建筑消防设施的操作内容纳入其中，对操作过程中发现的问题应及时纠正。

5.2 消防控制室值班时间和人员应符合以下要求：

a）实行每日24h值班制度，值班人员应通过消防行业特有工种职业技能鉴定，持有初级技能以上等级的职业资格证书。

b）每班工作时间应不大于8h，每班人员应不少于2人，值班人员对火灾报警控制器进行日检查、接班、交班时、应填写《消防控制室值班记录表》（见表A.1）的相关内容。值班期间没2h记录一次消防控制室内消防设备的运行情况，及时记录消防控制室内消防设备的火警或故障情况。

c）正常工作状态下，不应将自动喷水灭火系统、防烟排烟系统和联动控制的防火卷帘等防火分隔设施设置在手动控制状态，其他消防设施及相关设备如设置在手动状态时，应有在火灾情况下迅速将手动控制转换为自动控制的可靠措施。

5.3 消防控制室值班人员接到报警信号后，应按下列程序进行处理：

a）接到火灾报警信息后，应以最快方式确认。

b）确认属于误报时，查找误报原因并填写《建筑消防设施故障维修记录表》（见表 B.1）。

c）火灾确认后，立即将火灾报警联动控制开关转入自动状态（处于自动状态的除外），同时拨打"119"火警电话报警。

d）立即启动单位内部灭火和应急疏散预案，同时报告单位消防安全责任人，单位消防安全责任人接到报告后应立即赶赴现场。

5.4　消防控制室的安全管理信息、控制及显示要求满足 GA 767 的规定。

6　巡查

6.1　一般要求

6.1.1　建筑消防设施的巡查应由归口管理消防设施的部门或单位实施，按照工作、生产、经营的实际情况，将巡查的职责落实到相关的工作岗位。

6.1.2　从事建筑消防设施巡查的人员，应通过消防行业特有工种职业技能鉴定，持有初级技能以上等级的职业资格证书。

6.1.3　建筑消防设施巡查应明确各类建筑消防设施的巡查部位、频次和内容巡查时应填写《建筑消防设施巡查记录表》（见表 C.1）。巡查时发现故障，应按第 8 章要求处理。

6.1.4　建筑消防设施巡查频次应满足下列要求：

a）公共娱乐场所营业时，应结合公共娱乐场每 2h 巡查一次的要求，视情况将建筑消防设施的巡查部分或全部纳人其中，但全部建筑消防设施应保证每日至少巡查一次；

b）消防安全重点单位，每日巡查一次；

c）其他单位，每周至少巡查一次。

### 6.2 巡查内容

6.2.1 消防供配电设施的巡查内容见表C.1中"消防供配电设施"部分。

6.2.2 火灾自动报警系统的巡查内容见表C.1中"火灾自动报警系统"部分。

6.2.3 电气火灾监控系统的巡查内容见表C.1中"电气火灾监控系统"部分。

6.2.4 可燃气体探测报警系统的巡查内容见表C.1中"可燃气体探测报警系统"部分。

6.2.5 消防供水设施的巡查内容见表C.1中"消防供水供施"部分。

6.2.6 消火栓（消防炮）灭火系统的巡查内容见表C.1中"消火栓（消防炮）灭火系统"部分。

6.2.7 自动喷水灭火系统的巡查内容见表C.1中"自动喷水灭火系统"部分。

6.2.8 泡沫灭火系统的巡查内容见表C.1中"泡沫灭火系统"部分。

6.2.9 气体灭火系统的巡查内容见表C.1中"气体灭火系统"部分。

6.2.10 防烟、排烟系统的巡查内容见表C.1中"防烟、排烟系统"部分。

6.2.11 应急照明和疏散指示标志的巡查内容见表C.1中"应急照明和疏散指示标志"部分。

6.2.12 应急广播系统的巡查内容见表C.1中"应急广播

系统"部分。

6.2.13　消防专用电话的巡查内容见表 C.1 中"消防专用电话"部分。

6.2.14　防火分隔设施的巡查内容见表 C.1 中"防火分隔设施"部分。

6.2.15　消防电梯的巡查内容见表 C.1 中"消防电梯"部分。

6.2.16　细水雾灭系统的巡查内容见表 C.1 中"细水雾灭系统"部分。

6.2.17　干粉灭火系统的巡查内容见表 C.1 中"干粉灭火系统"部分。

6.2.18　灭火器的巡查内容见表 C.1 中"灭火器"部分。

6.2.19　其他需要巡查的内容见表 C.1 中"其他巡查内容"部分，单位也可根据实际情况，参考表 C.1 的样式，自行制定有关消防安全巡查记录表。

7　检测

7.1　一般要求

7.1.1　建筑消防设施应每年至少检测一次，检测对象包括全部设备、组件等，设有自动消防系统的宾馆、饭店、商场、市场、公共娱乐场所等人员密集场所，易燃易爆单位以及其他一类高层公共建筑等消防安全重点单位，应自系统投入运行后每一年底前，将年度检测记录报当地公安机关消防机构的备案。在重大的节日，重大的活动前或者期间，应根据当地公安机关消防机构的要求对建筑消防设施进行检测。

7.1.2　从事建筑消防设施检测的人员，应当通过消防行业特有工种职业技能鉴定，持有高级技能以上等级职业资格证书。

7.1.3  建筑消防设施检测应按 GA 503 的要求进行，并如实填写《建筑消防设施检测记录表》（见 表 D.1）的相关内容。

7.2  检测内容

7.2.1  消防供配电设施的检测内容见表 D.1 中"消防供电配电设施"部分。

7.2.2  火灾自动报警系统的检测内容见表 D.1 中"火灾自动报警系统"部分。

7.2.3  消防供水设施的检测内容见表 D.1 中"消防供水设施"部分。

7.2.4  消火栓（消防炮）灭火系统的检测内容见表 D.1 中"消火栓（消防炮）灭火系统"部分。

7.2.5  自动喷水灭火系统的检测内容见表 D.1 中"自动喷水灭火系统"部分。

7.2.6  泡沫灭火系统的检测内容见表 D.1 中"泡沫灭火系统"部分。

7.2.7  气体灭火系统的检测内容见表 D.1 中"气体灭火系统"部分。

7.2.8  防烟系统的检测内容见表 D.1 中"机械加压送风系统"部分。

7.2.9  排烟系统的检测内容见表 D.1 中"机械排烟系统"部分。

7.2.10  应急照明系统的检测内容见表 D.1 中"应急照明系统"部分。

7.2.11 应急广播系统的检测内容见表 D.1 中"应急广播系统"部分。

7.2.12 消防专用电话的检测内容见表 D.1 中"消防专用电话"部分。

7.2.13 防火分隔设施的检测内容见表 D.1 中"防火分隔"部分。

7.2.14 消防电梯的检测内容见表 D.1 中"消防电梯"部分。

7.2.15 细水雾灭火系统的检测内容见表 D.1 中"细水雾灭火系统"部分。

7.2.16 干粉灭火系统的检测内容见表 D.1 中"干粉灭火系统"部分。

7.2.17 灭火器的检测内容见表 D.1 中"灭火器"部分。

7.2.18 其他需要检测的内容见表 D.1 中"其他设施"部分。从事检测工作的单位也可根据实际情况,参考表 D.1 的样式,自行制定有关消防安全检测记录表。

8 维修

8.1 从事建筑消防设施维修的人员,应当通过消防行业特有工种职业技能鉴定,持有技师以上等级职业资格证书。

8.2 值班、巡查、检测、灭火演练中发现建筑消防设施存在问题和故障的,相关人员应填写《建筑消防设施故障维修记录表》(见表 B.1),并向单位消防安全管理人报告。

8.3 单位消防安全管理人对建筑消防设施存在的问题和故障,应立即通知维修人员进行维修,维修期间,应采取确保消防安全的有效措施。故障排除后应进行相应功能试验并经单位消防安全管理人检查 确认。维修情况应记入《建筑消防设施故障维修记录表》（见表 B.1）。

9 保养

9.1 一般规定

9.1.1 建筑消防设施维护保养应制定计划．列明消防设施的名称、维护保养的内容和周期（见表 E.1）。

9.1.2 从事建筑消防设施保养的人员，应通过消防行业特有工种职业技能鉴定，持有高级技能以上等 级职业资格证书。

9.1.3 凡依法需要计量检定的建筑消防设施所用称重、测压、测流量等计量仪器仪表以及泄压阀、安全 阀等，应按有关规定进行定期校验并提供有效证明文件。单位应储备一定数最的建筑消防设施易损件 或与有关产品厂家、供应商签订相关合同，以保证供应。

9.1.4 实施建筑消防设施的维护保养时，应填写《建筑消防设施维护保养记录表》（见表 E.2）并进行相 应功能试验。

9.2 保养内容

9.2.1 对易污染、易腐蚀生锈的消防设备、管道、阀门应定期清洁、除锈、注润滑剂。

9.2.2 点型感烟火灾探测器应根据产品说明书的要求定期清洗、标定；产品说明书没有明确要求的，应 每二年清洗、标定一次。可燃气体探测器应根据产品说明书的要求定期进行标定。火灾探测器、可燃气 体探测器的标定应由生产企业或具备资质的检测机构承担，承担标定的单位应出具标定记录。

9.2.3 储存灭火剂和驱动气体的压力容器应按有关气瓶安全监察规程的要求定期进行试验、标识。

9.2.4 泡沫、干粉等灭火剂应按产品说明书委托有资质单位进行包括灭火性能在内的测试。

9.2.5 以蓄电池作为后备电源的消防设备，应按照产品说明书的要求定期对蓄电池进行维护。

9.2.6 其他类型的消防设备应按照产品说明书的要求定期进行维护保养。

9.2.7 对于使用周期超过产品说明书标识寿命的易损件、消防设备，以及经检查测试已不能正常使用的火灾探测器、压力容器、灭火剂等产品设备应及时更换。

10 档案

10.1 内容

建筑消防设施档案应包含建筑消防设施基本情况和动态管理情况。基本情况包括建筑消防设施的验收文件和产品、系统使用说明书、系统调试记录、建筑消防设施平面布置图、建筑消防设施系统图等原始技术资料。动态管理情况包括建筑消防设施的值班记录、巡查记录、检测记录、故障维修记录以及维护保养计划表、维护保养记录、自动消防控制室值班人员基本情况档案及培训记录。

10.2 保存期限

10.2.1 建筑消防设施的原始技术资料应长期保存。

10.2.2 《消防控制室值班记录表》（见表 A.1）和《建筑消防设施巡查记录表》（见表 C.1）的存档时间不应少于一年。

10.2.3 《建筑消防设施检测记录表》（见表 D.1）、《建筑消防设施故障维修记录表》（见表 B.1）、《建筑消防设施维护保养计划表》（见表 E.1）、《建筑消防设施维护保养记录表》（见表 E. 2）的存档时间不应少于五年。

附录 A（规范性附录）消防控制室值班记录表（略）

附录 B（规范性附录）建筑消防设施故障维修记录表（略）

附录 C（规范性附录）建筑消防设施巡查记录表（略）

附录 D（规范性附录）建筑消防设施检修记录表（略）

附录 E（规范性附录）建筑消防设施维护保养表（略）

## 参考文献

（1）中华人民共和国消防法。

（2）机关、团体、企业、事业单位消防安全管理规定（公安部令第 61 号）。

（3）消防监督检查规定（公安部令第 107 号）。

（4）GB 15630 消防安全标志设置要求。

（5）GB 50166 火灾自动报警系统施工及验收规范。

（6）GB 50261 自动喷水灭火系统施工及验收规范。

（7）GB 50263 气体灭火系统施工及验收规范。

（8）GB 50281 泡沫灭火系统施工及验收规范。

（9）GA 95 灭火器维修与报废规程。

（10）GA 502 消防监督技术装备配备。

# 火灾探测报警产品的维修保养与报废

（国家标准 GB29837—2013，2013 年 11 月 12 日公安部发布，2014 年 8 月 7 日实施）

## 前　言

本标准的第 3、4、5、6 章为强制性的，其余为推荐性的。

本标准按照 GB/T1.1—2009 给出的规则起草。

本标准由中华人民共和国公安部提出。

本标准由全国消防标准化技术委员会火灾探测与报警分技术委员会（SAC/TC 113/SC 6）归口。本标准负责起草单位：公安部沈阳消防研究所。

本标准参加起草单位：（略）

本标准主要起草人：（略）

## 1　范围

本标准规定了火灾探测报警产品的维修保养与报废要求。

本标准适用于设置在建筑中的火灾探测报警产品。其他特殊场所使用的火灾探测报警产品可参照执行。

## 2　规范性引用文件

下列文件对于本文件的应用是必不可少的。凡是注日期的引用文件．仅注日期的版本适用于本文 件。凡是不注日期的引用文件，其最新版本（包括所有的修改单）适用于本文件。

GB 4715 点型感烟火灾探测器

GB 4716 点型感温火灾探测器

GB 4717 火灾报警控制器

GB 14003 线型光束感烟火灾探测器

GH 14287.1 电气火灾监控系统 第1部分：电气火灾监控设备

GB 14287.2 电气火灾监控系统 第2部分：剩余电流式电气火灾监控探测器

GB 14287.3 电气火灾监控系统 第3部分：测温式电气火灾监控探测器

GB 15322（所有部分）可燃气体探测器

GB 15631 特种火灾探测器

GB 16280 线型感温火灾探测器

GB 16806 消防联动控制系统

GB 16808 可燃气体报警控制器

GB 17429 火灾显示盘

GB 19880 手动火灾报警按钮

GB/T 21197 线型光纤感温火灾探测器

GB 25201 建筑消防设施的维护管理

GBZ 122 离子感烟火灾探测器放射防护标准

3  维修

3.1  一般要求

3.2  维修流程

3.3  探测器类和按钮类产品

3.4  控制器类产品

3.5  消防电气控制装置

3.6  其他部件

3.7  其他要求

3.1 一般要求

3.1.1 火灾探测报警产品（以下简称产品）的使用或管理单位在发现产品存在问题和故障时，应及时进行维修。

3.1.2 维修一般应在 48h 内完成；需要由供应商或者生产企业提供零配件时，应在 5 个工作日内完成。

3.1.3 火灾探测器、模块、手动报警按钮和消火栓启动按钮一般应在维修企业内进行维修，将上述部件拆下维修时，应立即更换备品，不应对相应部位实施屏蔽；没有备品时，应对该部位采取有效的消防安全措施。

3.1.4 火灾报警控制器、消防联动控制器和可燃气体控制器可在现场维修。维修期间，应换上备用控制器；没有备用控制器时，应对该受保护区域采取有效的消防安全措施，或暂停使用该区域。

3.1.5 承担维修的企业应制订维修作业指导书，对维修人员进行相关培训，确保各项维修操作符合产品使用说明书和作业指导书的要求。

3.1.6 承担维修的企业应做好维修记录，与产品使用或管理单位各执一份，并保存至该产品报废。火灾探测报警产品维修记录表的格式参见附录 A。

3.2 维修流程

3.2.1 对存在问题的产品应根据故障现象，分析查找原因并记录。

3.2.2 按照相关技术文件和维修作业指导书的要求对故障产品的结构、部件等进行检查，对发现的问题应采取相应维修措施并予以记录：

a）虚焊、漏焊、紧固件松动的，应补焊或紧固；

b）部件和元器件老化、损坏的，应修复或更换；

c）绝缘介质损坏、击穿的，应更换；

d）电气参数改变、漂移的，应调整恢复；

e）结构发生变形、严重腐蚀的，应修复或更换。

3.2.3 更换部件和元器件时，应对产品所更换的部件、元器件及相应部位进行防潮、防盐雾、防霉处理。

3.2.4 产品维修后，应依据相关产品标准进行检验，记录检验结果，合格后应加贴检验合格标识。

3.3 探测器类和按钮类产品

3.3.1 需要将无底座的探测器或按钮拆下时，应先切断该回路的供电。

3.3.2 感烟探测器、火焰探测器及图像型火灾探测器维修后，应分别按 GB4715、GB15631、GB14003 要求进行响应阈值试验，响应阈值应在生产企业成品出厂检验规程规定的响应阈值范围内。

3.3.3 感温探测器维修后，应分别按 GB4716、GB16280、GB/T21197 要求进行响应时间试验，试验结果应符合标准要求。

3.3.4 可燃气体探测器维修后，应按 GB 15322 要求进行响应时间和报警动作值试验，试验结果应符合标准要求。

3.3.5 剩余电流式电气火灾监控探测器维修后，应按 GB14287.2 要求进行报警性能试验，试验结果应符合标准要求. 设定的剩余电流报警动作值应符合设计要求。

3.3.6 测温式电气火灾监控探测器维修后，应按 GB14287.3 要求进行基本性能试验，试验结果应符合标准要求，设定的报警温度值应符合设汁要求。

3.3.7　手动报警按钮和消火栓启动按钮维修后，应分别按GB19880、GB16806 要求进行动作性能试验和不动作性能试验，试验结果应符合标准要求。

3.4　控制器类产品

3.4.1　火灾报警控制器、消防联动控制器、可燃气体报警控制器、电气火灾监控器、气体灭火控制器维修前应切断主电源、备用电源及所有外部控制连接线。

3.4.2　更换主程序芯片后，应至少抽取 20 只与其连接的探测器按 5.2.2 规定进行试验，并应检查控制器连接的全部探测器、手动报警按钮和模块的报警和故障功能。

3.4.3　更换主电源板或备用电池后，应分别按 GB4715、GB16806、GB16808、GB14287.1 要求进行电源试验，试验结果应符合标准要求。

3.4.4　更换回路板后，应检查该回路板连接的全部探测器、手动报警按钮和模块的报警与故障功能。

3.4.5　更换显示板后，应检查控制器的全部显示功能和自检功能。

3.4.6　气体灭火控制器维修后应先接通电源，检验在无负载状态下的各项功能；符合要求后，接通与消防联动控制器的连接，检验其接受联动控制的功能；合格后，再与负载连接，对能够进行试验的控制功能进行检验，检验结果应符合 GB16806 和该工程原设计要求。

3.5　消防电气控制装置

3.5.1　各类消防电气控制装置维修前应切断主电源、备用电源，断开其与负载和联动控制器的连接线。

3.5.2 维修后应先接通电源，在消防电气控制装置的各项功能都符合要求后，接通与负载和联动控制器的连接，检验其接受联动控制器的联动功能、启动负载功能和负载启动后的反馈功能。检验结果应符合标准和设计要求。

3.6 其他部件

3.6.1 模块、火灾声光警报器、火灾显示盘等部件需要拆下维修时，应先切断控制器供电电源，并立即更换上备品；没有备品时，应采取相应的安全措施，否则该区域应停止使用。

3.6.2 各部件维修后，应按相关标准要求进行基本功能试验，检验结果应符合标准和设计要求。

3.6.3 增加或更换模块、火灾声光警报器等的部件后，应检验增加或更换部件的启动输出功能，同时检验本回路中其他任一个同类型产品的启动输出功能是否受到影响。

3.7 其他要求

3.7.1 维修更换电池前应检查电池外观，不应有裂纹、变形及爬碱、漏液等现象，电池两端极性标识应正确。

3.7.2 更换保险前，应确认所更换的保险器件参数满足产品要求。

3.7.3 现场修改软件后，应对软件可能影响的功能进行全部检验，且应抽检10%但不超过50只探测器的报警功能和相同数量模块的输出功能，抽检应覆盖所有回路。

4 保养

4.1 一般要求

4.2 保养周期

4.3　保养方法

4.1　一般要求

4.1.1　产品的使用或管理单位应根据产品使用场所环境及产品保养要求制订保养计划。保养计划应包括需保养产品的具体名称、保养内容和周期。

4.1.2　产品使用或管理单位应储备一定数量的产品易损件，或与有关产品生产企业或供应商签订相关备用品合同，保证备用品数量。

4.1.3　承担保养的企业应制订保养作业指导书，对保养人员进行相关培训，确保各项保养操作符合产品使用说明书和作业指导书的要求。

4.1.4　实施保养后，应按照 GB 25201 的规定填写《建筑消防设施维护保养记录表》。

4.2　保养周期

具有报脏功能的探测器，在报脏时应及时清洗保养。没有报脏功能的探测器，应按产品说明书的要求进行清洗保养；产品说明书没有明确要求的，应每 2 年清洗或标定一次。

可燃气体探测器的气敏元件达到生产企业规定的寿命年限后应及时更换。

4.3　保养方法

4.3.1　接线端子

检查探测器及底座、控制器、手动部件按钮、消火栓按钮、消防电气控制装置、其他部件等系统内所有产品的接线端子，将连接松动的端子重新紧固连接；换掉有锈蚀痕迹的螺钉、端子垫片等接线部件；去除有锈蚀的导线端、烫锡后重新连接。

4.3.2 点型感烟火灾探测器

用专业工艺设备清洗传感部件和线路板，清洗后应标定探测器响应阈值，响应阈值应在生产企业成品出厂检验规程规定的响应阈值范围内。

4.3.3 点型感温火灾探测器

用专业工艺设备清洗感温部件和线路板，清洗后应标定探测器响应时间，响应时间应在生产企业成品出厂检验规程规定的响应阈值范围内。

4.3.4 线型光束感烟火灾探测器

用专用清洁工具或软布及适当的清洁剂清洗光路通过的窗口，清洗后将探测器响应阈值标定到探测器出厂设置的阈值。

4.3.5 吸气式感烟火灾探测器

应按照产品说明书保养要求进行保养。一般保养时，应对采样管进行吹洗，更换过滤袋，吹洗后应进行报警功能试验。

4.3.6 点型火焰探测器

用专用清洁工具或软布及适当的清洁剂清洗光路通过的窗口。

4.3.7 可燃气体探测器

使用标准气体检测可燃气体探测器的报警功能。不符合要求时，应调整报警阈值或者按照产品说明书要求更换气敏元件，然后将传感器报警阈值标定到探测器出厂设定值。

4.3.8 剩余电流式电气火灾监控探测器

用专用清洁工具或软布及适当的清洁剂清洗传感器部件污染物，清洗后应将剩余电流显示值标定到实际测最值。

4.3.9 测温式电气火灾监控探测器

用专用清洁工具或软布及适当的清洁剂清洗感温部件污染

物，清洗后应将温度显示值标定到实际测量值。

4.3.10　控制器类产品和消防电气控制装置

用压缩空气、毛刷等清除线路板、接线端子处灰尘；用吸尘器、潮湿软布等清除柜体内灰尘。空气潮湿场所，可在柜体内放置干燥剂。

用万用表测量控制器总线回路最末端探测器或模块的供电电压，电压值小于说明书规定值时，应更换回路板或调整线路。

4.3.11　电池类

应按照产品说明书的要求进行保养。

5　接入复检

5.1　一般要求

5.2　火灾报警控制器

5.3　点型感烟、感温火灾探测器

5.4　线型感温火灾探测器

5.5　线型光束感烟火灾探测器

5.6　吸气式感烟火灾探测器

5.7　点型火焰探测器和图像型火灾探测器

5.8　手动火灾报警按钮

5.9　消防联动控制器

5.10　区域显示器（火灾显示盘）

5.11　可燃气体报警控制器

5.12　可燃气体探测器

5.13　消防电话

5.14　消防应急广播设备

5.15　系统备用电源

5.16 消防设备应急电源

5.17 消防控制室图型显示装置

5.18 气体灭火控制器

5.19 防火卷帘控制器

5.1 一般要求

5.1.1 产品维修保养后经检验合格，方可再次接入火灾自动报警系统。

5.1.2 产品经维修保养接入系统后，应按本章规定进行接入复检，检查结果应符合产品标准和设计要求。复检项目检查不合格时，应再次进行维修保养或报废。

5.1.3 接入复检应由承担维修保养的企业和产品使用或管理单位相关人员共同进行。

5.1.4 接入复检应做好记录，复检记录表应由参与复检的人员签字，火灾探测报警产品接入复检记录表的格式参见附录B。

5.2 火灾报警控制器

5.2.1 检查前应断开火灾报警控制器的所有外部控制连线，与所有回路的火灾探测器、手动火灾报警按钮、火灾显示盘等均应保持连接。

5.2.2 按GB4717规定对火灾报警控制器进行下列功能检查并记录：

a）检查自检功能和操作级别；

b）使控制器与探测器之间的连线断路和短路，检查控制器是否在100s内发出故障信号（短路时发出火灾报警信号除外）；在故障状态下，使任一非故障部位的探测器发出火灾报警信号，检查控制器是否在1min内发出火灾报警信号；再使其他探测器发出火灾报警信号，检查控制器的再次报警功能；

c）检查消音和复位功能；

d）使控制器与备用电源之间的连线断路和短路，检查控制器是否在 100s 内发出故障信号；

e）检查屏蔽功能；

f）使总线隔离器保护范围内的任一点短路，检查总线隔离器的隔离保护功能；

g）使任一总线回路上不少于 10 只的火灾探测器同时处于火灾报警状态，检查控制器的负载功能；

h）检查主备电源的自动转换功能；

i）检查控制器特有的其他功能。

5.3  点型感烟、感温火灾探测器

采用专用的检测仪器或模拟火灾的方法，检查火灾探测器是否发出火灾报警信号。

5.4  线型感温火灾探测器

在不可恢复的探测器上模拟火灾和故障，检查探测器能否发出火灾报警和故障信号。

对可恢复的探测器采用专用检测仪器或模拟火灾的办法检查其能否发出火灾报警信号，并在终端盒上模拟故障，检查探测器能否发出故障信号。

5.5  线型光束感烟火灾探测器

用减光率为 0.9dB/m 的减光片遮挡光路，检查探测器是否发出火灾报警信号；用产品生产企业设定减光率（1.0dB/m～10.0dB/m）的减光片遮挡光路，检查探测器是否发出火灾报警信号；用减光率为 11.5dB/m 的减光片遮挡光路，检查探测器是否发出故障信号或火灾报警信号。

5.6 吸气式感烟火灾探测器

在采样管最末端（最不利处）采样孔加人试验烟，检查探测器或其控制装置是否在120s内发出火灾报警信号。

5.7 点型火焰探测器和图像型火灾探测器

采用专用检测仪器或模拟火灾的方法在探测器监视区域内最不利处检查探测器的报警功能，检查探测器是否能正确响应。

5.8 手动火灾报警按钮

对可恢复的手动火灾报警按钮，施加适当的推力，检查其是否发出火灾报警信号。

5.9 消防联动控制器

5.9.1 使消防联动控制器与火灾报警控制器、所有输入/输出模块及模块控制的设备保持连接，断开所有受控现场设备的控制连线，接通电源。

5.9.2 按GB16806检查消防联动控制系统内各类用电设备的控制、接收反馈信号（可模拟现场设备启动信号）和显示功能；使消防联动控制器分别处于自动工作和手动工作状态，检查其状态显示，并按GB16806进行下列功能检查并记录：

a）检查自检功能和操作级别；

b）使消防联动控制器与各模块之间的连线断路和短路时，检查消防联动控制器能否在100s内发出故障信号；

c）使消防联动控制器与备用电源之间的连线断路和短路，检查消防联动控制器能否在100s内发出故障信号；

d）检查消音、复位功能；

c）检查屏蔽功能；

f）使总线隔离器保护范围内的任一点短路，检查总线隔离器的隔离保护功能；

g）使至少 50 个输入/输出模块同时处于动作状态（模块总数少于 50 个时，使所有模块动作），检查消防联动控制器的最大负载功能；

h）检查主、备电源的自动转换功能。

5.9.3 使消防联动控制器的工作状态处于自动状态，按 GB 16806 和设计的联动逻辑关系进行下列功能检查并记录：

a）按设计的联动逻辑关系，使相应的火灾探测器发出火灾报警信号，检查消防联动控制器接收火灾报警信号情况、发出联动信号情况、模块动作情况、受控设备的动作情况、受控现场设备动作情况、接收反馈信号（对于启动后不能恢复的受控现场设备，可模拟现场设备启动反馈信号）及各种显示情况；

b）检查手动插入优先功能。

5.10 区域显示器（火灾显示盘）

按 GB17429 规定检查其下列功能并记录：

a）使该区域内的一只火灾探测器发出火灾报警信号，检查区域显示器（火灾显示盘）能否在 3s 内正常接收和显示；

b）检查消音、复位功能；

c）检查操作级别；

d）对于非火灾报警控制器供电的区域显示器（火灾显示盘），还应检查主、备电源的自动转换功能和故障报警功能。

5.11 可燃气体报警控制器

5.11.1 切断可燃气体报警控制器的所有外部控制连线，保持可燃气体探测器与可燃气体报警控制器相连接，接通电源。

5.11.2 按 GB 16808 规定对可燃气体报警控制器进行下列功能检查并记录：

a）检查自检功能和操作级别：

b）使可燃气体报警控制器与探测器之间的连线断路和短路，检查可燃气体报警控制器是否在 100s 内发出故障信号；

c）在故障状态下，使任一非故障探测器发出报警信号，检查可燃气体报警控制器是否在 60s 内发出报警信号；再使其他探测器发出报警信号，检查可燃气体报警控制器的再次报警功能；

d）检查消音和复位功能；

e）使可燃气体报警控制器与备用电源之间的连线断路和短路，检查可燃气体报警控制器是否在 100s 内发出故障信号；

f）检查高限报警或低、高两段报警功能；

g）检查报警设定值的显示功能；

h）使至少 4 只可燃气体探测器同时处于报警状态（探测器总数少于 4 只时，使所有探测器均处于报警状态），检查可燃气体报警控制器最大负载功能；

i）检查主、备电源的自动转换功能。

5.12 可燃气体探测器

对探测器施加达到响应浓度值的可燃气体标准样气，检查探测器是否在 30s 内响应；再排除可燃气体，检查探测器是否在 60s 内恢复到正常监视状态。对线型可燃气体探测器，还应将发射器发出的光全部遮挡，检查该探测器相应的控制器是否在 100s 内发出故障信号。

5.13 消防电话

在消防控制室与所有消防电话、电话插孔之间互相呼叫与通话；检查总机是否能显示每部分机或电话插孔的位置，呼叫铃声和通话语音是否清晰；检查群呼、录音等功能是否符合要求。

5.14 消防应急广播设备

以手动方式在消防控制室对所有广播分区进行选区广播，对所有共用扬声器进行强行切换；检查应急广播是否以最大功率输出；对扩音机进行全负荷试验，检查应急广播的语音是否清晰。

对接入联动系统的消防应急广播设备系统，使其处于自动工作状态，然后按设计的逻辑关系，检查应急广播的工作情况，检查系统是否按设计的逻辑广播；使任意一个扬声器断路，检查其他扬声器的工作状态是否受影响。

5.15 系统备用电源

检查系统中各种控制装置使用的备用电源容量是否与设计容量相符；使各备用电源放电终止，再充电48h后，断开设备主电源，检查备用电源是否能保证设备工作8h，且满足相应的标准及设计要求。

5.16 消防设备应急电源

5.16.1 切断应急电源应急输出时直接启动设备的连线，接通应急电源的主电源。

5.16.2 按下列要求检查应急电源的控制功能和转换功能，并观察其输入电压、输出电压、输出电流、主电工作状态、应急工作状态、电池组及各单节电池电压的显示情况，做好记录：

a）手动启动应急电源输出，检查应急电源的主电和备用电源是否不能同时输出，且在5s内完成应急转换；

b）手动停止应急电源的输出，检查应急电源是否能恢复到启动前的工作状态；

c）断开应急电源的主电源，检查应急电源是否发出声提示信号，声信号是否能手动消除；接通主电源，应急电源是否恢复到主电工作状态；

d）给具有联动自动控制功能的应急电源输入联动启动信号，检查应急电源是否在5s内转入到应急工作状态，且主电源和备用电源是否不能同时输出；输入联动停止信号，检查应急电源是否恢复到主电工作状态；

e）使具有手动和自动控制功能的应急电源处于自动控制状态然后手动插入操作检查应急电源是否有手动插入优先功能，同时检查自动控制状态和手动控制状态指示情况。

5.16.3 断开应急电源的负载，按下列要求检查应急电源的保护功能并做好记录：

a）使任一输出回路保护动作，检查其他回路输出电压是否正常；

b）使配接三相交流负载输出的应急电源的三相负载回路中的任一相停止输出，检查应急电源是否能自动停止该回路的其他两相输出，并发出声、光故障信号；

c）使配接单相交流负载的交流三相输出应急电源输出的任一相停止输出，检作其他两相是否能正常工作，并发出声、光故障信号。

5.16.4 将应急电源接上等效于满负载的模拟负载，使其处于应急工作状态，检查其工作时间是否大于设计应急工作时间。

5.16.5 使应急电源充电回路与电池之间、电池与电池之间连线断开，检查应急电源是否在 100s 内发出声、光故障信号，声故障信号是否能手动消除。

5.17 消防控制室图型显示装置

5.17.1 操作显示装置使其显示建筑总平面图．检查总平面图是否完整、清晰。

5.17.2 操作显示装置使其显示完整系统区域覆盖模拟图和各层平面图，检查图中是否明确指示出报警区域、主要部位和各消防设备的名称和物理位置，显示界面是否清晰。

5.17.3 使火灾报警控制器和消防联动控制器分别发出火灾报警信号和联动控制信号，检查显示装置是否在 3s 内接收，并准确显示相应信号的物理位置，是否能优先显示火灾报警信号相对应的界面。

5.17.4 使具有多个报警平面图的显示装置处于多报警平面显示状态，检查各报警平面是否能自动和手动查询，是否有总数显示，是否能手动插入使其立即显示首火警相应的报警平面图。

5.17.5 操作显示装置，检查系统内各自消防设备的动态信息。

5.17.6 断开显示装置与其连接的各消防设备连线，检查显示装置是否在 100s 内发出故障信。

5.17.7 使显示装置显示故障或联动界面，输入火灾报警信号．检查显示装置是否能立即转入火灾报警界面的显示。显示装置与城市远程监控系统联网时，应同时查看显示装置（可通过传输装置）是否向远程监控中心传送信息的功能。

5.17.8 手动操作显示装置向远程监控中心传送信息的报警装置，检查其向远程监控中心的手动报警功能和信息传输功能。

5.18 气体灭火控制器

5.18.1 断开气体灭火控制器的所有外部控制连线,接通电源。

5.18.2 给气体灭火控制器输入设定的启动控制信号,检查控制器是否有启动输出,是否发出声、光启动信号。

5.18.3 输入启动设备启动的模拟反馈信号,检查气体灭火控制器是否在10s内接收并显示。

5.18.4 检查气体灭火控制器的延时时间是否在0s—30s内可调。

5.18.5 使气体灭火控制器处于自动控制状态,再手动插入操作,检查手动插入操作的优先功能。

5.18.6 按设计控制逻辑操作控制器,检查设计的逻辑功能是否得到满足。

5.18.7 检查气体灭火控制器向消防联动控制器发送的反馈信号是否正确。

5.19 防火卷帘控制器

5.19.1 使防火卷帘控制器与消防联动控制器、火灾探测器、卷门机连接,接通电源。

5.19.2 手动操作防火卷帘控制器的按钮,检查防火卷帘控制器是否能向消防联动控制器发出防火卷帘启、闭和停止的反馈信号。

5.19.3 检查疏散通道上设置的防火卷帘控制器接收到首次火灾报警信号后,是否能控制防火卷帘自动关闭到中位处停止;接收到二次报警信号后,是否能控制防火卷帘继续关闭至全闭状态。

5.19.4 检查用于分隔防火分区的防火卷帘控制器在接收到防火分区内任一组火灾报警信号后,是否能控制防火卷帘到全关闭状态。

6 报废

6.1 报废条件

6.2 报废处理

6.1 报废条件

6.1.1 火灾探测报警产品使用寿命一般不超过12年，可燃气体探测器中气敏元件、光纤产品中激光器件的使用寿命不超过5年。生产企业应在产品说明书中明确规定产品的预期使用寿命。

6.1.2 产品达到使用寿命时一般应报废。若继续使用，应对所有达到使用寿命的产品每年逐一按本标准维修检测要求和接入复检要求进行检测，并进行系统性能测试，所有检测结果均应合格。并应每年抽取系统中的火灾探测器，进行下述试验，合格后方可继续使用：

a）感烟类火灾探测器，抽取4只，按GB4715进行SH1和SH2试验火的火灾灵敏度试验；

b）点型感温火灾探测器，抽取4只，按GB4716进行响应时间和动作温度试验；

c）缆式线型感温火灾探测器，抽取2只，按GB16280进行动作性能试验；

d）线型光纤感温火灾探测器，抽取2只，按GB/T21197进行动作性能试验；

e）点型红外火焰探测器、图像型火灾探测器，抽取4只，按GB15631进行火灾灵敏度试验。

6.1.3 产品未达到使用寿命但符合下列条件时，应报废：

a）产品不能正常工作，且无法进行维修；

b）感烟类火灾探测器不能标定到生产企业规定的响应阈值范围内，且在 GB4715 规定的 SH1 和 SH2 试验火结束前未响应；

c）感温类火灾探测器在环境温度达到 GB4716 规定的该类型探测器响应时间上限值或动作温度上限值时未响应；

d）点型红外火焰探测器、图像型火灾探测器的火灾灵敏度不符合 GB15631 的要求。

6.2 报废处理

6.2.1 产品的报废处理参见国务院第 551 号令《废弃电器电子产品回收处理管理条例》。产品使用或管理单位应建立并保持产品报废处理程序，做好报废处理记录。

6.2.2 离子感烟火灾探测器应按 GBZ122 要求进行报废。使用单位及个人不得任意弃置离子型感烟火灾探测器，应将报废的离子感烟火灾探测器按进货渠道退回产品生产厂商、进口厂商或者他们的委托回收单位。离子感烟火灾探测器回收后，应将报废的放射源集中收集到专用的放射性废弃物容器中，然后集中送往国家指定的废物库（场）存放或处置。放射性废弃物容器及其暂存处应有电离辐射警示标志。

6.2.3 电池的报废应符合国家有关规定。

附录 A （资料性附录）火灾探测报警产品维修记录表（略）

附录 B （资料性附录）火灾探测报警产品接入复检记录表（略）

# 仓库防火安全管理规则

中华人民共和国公安部令

第 6 号

国务院授权我部修改的《仓库防火安全管理规则》，已经一九九〇年三月二十二日公安部部务会议通过，现予发布施行。

公安部部长

一九九〇年四月十日

## 第一章 总 则

**第一条** 为了加强仓库消防安全管理，保护仓库免受火灾危害。根据《中华人民共和国消防条例》及其实施细则的有关规定，制定本规则。

**第二条** 仓库消防安全必须贯彻"预防为主，防消结合"

的方针，实行"谁主管，谁负责"的原则。仓库消防安全由本单位及其上级主管部门负责。

第三条　本规则由县级以上公安机关消防监督机构负责监督。

第四条　本规则适用于国家、集体和个体经营的储存物品的各类仓库、堆栈、货场。储存火药、炸药、火工品和军工物资的仓库，按照国家有关规定执行。

# 第二章　组织管理

第五条　新建、扩建和改建的仓库建筑设计，要符合国家建筑设计防火规范的有关规定，并经公安消防监督机构审核。仓库竣工时，其主管部门应当会同公安消防监督等有关部门进行验收；验收不合格的，不得交付使用。

第六条　仓库应当确定一名主要领导人为防火负责人，全面负责仓库的消防安全管理工作。

第七条　仓库防火负责人负有下列职责：

一、组织学习贯彻消防法规，完成上级部署的消防工作；

二、组织制定电源、火源、易燃易爆物品的安全管理和值班巡逻等制度，落实逐级防火责任制和岗位防火责任制；

三、组织对职工进行消防宣传、业务培训和考核，提高职工的安全素质；

四、组织开展防火检查，消除火险隐患；

五、领导专职、义务消防队组织和专职、兼职消防人员，制定灭火应急方案，组织扑救火灾；

六、定期总结消防安全工作，实施奖惩。

第八条　国家储备库、专业仓库应当配备专职消防干部；其他仓库可以根据需要配备专职或兼职消防人员。

第九条　国家储备库、专业仓库和火灾危险性大、距公安消防队较远的其他大型仓库，应当按照有关规定建立专职消防队。

第十条　各类仓库都应当建立义务消防组织，定期进行业务培训，开展自防自救工作。

第十一条　仓库防火负责人的确定和变动，应当向当地公安消防监督机构备案；专职消防干部、人员和专职消防队长的配备与更换，应当征求当地公安消防监督机构的意见。

第十二条　仓库保管员应当熟悉储存物品的分类、性质、保管业务知识和防火安全制度，掌握消防器材的操作使用和维护保养方法，做好本岗位的防火工作。

第十三条　对仓库新职工应当进行仓储业务和消防知识的培训，经考试合格，方可上岗作业。

第十四条　仓库严格执行夜间值班、巡逻制度，带班人员应当认真检查，督促落实。

# 第三章　储存管理

第十五条　依据国家《建筑设计防火规范》的规定，按照仓库储存物品的火灾危险程度分为甲、乙、丙、丁、戊五类。

第十六条　露天存放物品应当分类、分堆、分组和分垛，并留出必要的防火间距。堆场的总储量以及与建筑物等之间的防火距离，必须符合建筑设计防火规范的规定。

第十七条　甲、乙类桶装液体，不宜露天存放。必须露天存放时，在炎热季节必须采取降温措施。

**第十八条** 库存物品应当分类、分垛储存，每垛占地面积不宜大于一百平方米，垛与垛间距不小于一米，垛与墙间距不小于零点五米，垛与梁、柱间距不小于零点三米，主要通道的宽度不小于二米。

**第十九条** 甲、乙类物品和一般物品以及容易相互发生化学反应或者灭火方法不同的物品，必须分间、分库储存，并在醒目处标明储存物品的名称、性质和灭火方法。

**第二十条** 易自燃或者遇水分解的物品，必须在温度较低、通风良好和空气干燥的场所储存，并安装专用仪器定时检测，严格控制湿度与温度。

**第二十一条** 物品入库前应当有专人负责检查，确定无火种等隐患后，方准入库。

**第二十二条** 甲、乙类物品的包装容器应当牢固、密封，发现破损、残缺，变形和物品变质、分解等情况时，应当及时进行安全处理，严防跑、冒、滴、漏。

**第二十三条** 使用过的油棉纱、油手套等沾油纤维物品以及可燃包装，应当存放在安全地点，定期处理。

**第二十四条** 库房内因物品防冻必须采暖时，应当采用水暖，其散热器、供暖管道与储存物品的距离不小于零点三米。

**第二十五条** 甲、乙类物品库房内不准设办公室、休息室。其他库房必需设办公室时，可以贴邻库房一角设置无孔洞的一、二级耐火等级的建筑，其门窗直通库外，具体实施，应征得当地公安消防监督机构的同意。

**第二十六条** 储存甲、乙、丙类物品的库房布局、储存类别不得擅自改变。如确需改变的，应当报经当地公安消防监督机构同意。

# 第四章　装卸管理

**第二十七条**　进入库区的所有机动车辆，必须安装防火罩。

**第二十八条**　蒸汽机车驶入库区时，应当关闭灰箱和送风器，并不得在库区清炉。仓库应当派专人负责监护。

**第二十九条**　汽车、拖拉机不准进入甲、乙、丙类物品库房。

**第三十条**　进入甲、乙类物品库房的电瓶车、铲车必须是防爆型的；进入丙类物品库房的电瓶车、铲车，必须装有防止火花溅出的安全装置。

**第三十一条**　各种机动车辆装卸物品后，不准在库区、库房、货场内停放和修理。

**第三十二条**　库区内不得搭建临时建筑和构筑物。因装卸作业确需搭建时，必须经单位防火负责人批准，装卸作业结束后立即拆除。

**第三十三条**　装卸甲、乙类物品时，操作人员不得穿戴易产生静电的工作服、帽和使用易产生火花的工具，严防震动、撞击、重压、摩擦和倒置。对易产生静电的装卸设备要采取消除静电的措施。

**第三十四条**　库房内固定的吊装设备需要维修时，应当采取防火安全措施，经防火负责人批准后，方可进行。

**第三十五条**　装卸作业结束后，应当对库区、库房进行检查，确认安全后，方可离人。

# 第五章　电器管理

**第三十六条**　仓库的电气装置必须符合国家现行的有关电气设计和施工安装验收标准规范的规定。

**第三十七条**　甲、乙类物品库房和丙类液体库房的电气装置，必须符合国家现行的有关爆炸危险场所的电气安全规定。

**第三十八条**　储存丙类固体物品的库房，不准使用碘钨灯和超过六十瓦以上的白炽灯等高温照明灯具。当使用日光灯等低温照明灯具和其他防燃型照明灯具时，应当对镇流器采取隔热、散热等防火保护措施，确保安全。

**第三十九条**　库房内不准设置移动式照明灯具。照明灯具下方不准堆放物品，其垂直下方与储存物品水平间距离不得小于零点五米。

**第四十条**　库房内敷设的配电线路，需穿金属管或用非燃硬塑料管保护。

**第四十一条**　库区的每个库房应当在库房外单独安装开关箱，保管人员离库时，必须拉闸断电。禁止使用不合规格的保险装置。

**第四十二条**　库房内不准使用电炉、电烙铁、电熨斗等电热器具和电视机、电冰箱等家用电器。

**第四十三条**　仓库电器设备的周围和架空线路的下方严禁堆放物品。对提升、码垛等机械设备易产生火花的部位，要设置防护罩。

**第四十四条**　仓库必须按照国家有关防雷设计安装规范的

规定，设置防雷装置，并定期检测，保证有效。

第四十五条　仓库的电器设备，必须由持合格证的电工进行安装、检查和维修保养。电工应当严格遵守各项电器操作规程。

# 第六章　火源管理

第四十六条　仓库应当设置醒目的防火标志。进入甲、乙类物品库区的人员，必须登记，并交出携带的火种。

第四十七条　库房内严禁使用明火。库房外动用明火作业时，必须办理动火证，经仓库或单位防火负责人批准，并采取严格的安全措施。动火证应当注明动火地点、时间、动火人、现场监护人、批准人和防火措施等内容。

第四十八条　库房内不准使用火炉取暖。在库区使用时，应当经防火负责人批准。

第四十九条　防火负责人在审批火炉的使用地点时，必须根据储存物品的分类，按照有关防火间距的规定审批，并制定防火安全管理制度，落实到人。

第五十条　库区以及周围五十米内，严禁燃放烟花爆竹。

# 第七章　消防设施和器材管理

第五十一条　仓库内应当按照国家有关消防技术规范，设置、配备消防设施和器材。

第五十二条　消防器材应当设置在明显和便于取用的地点，周围不准堆放物品和杂物。

第五十三条　仓库的消防设施、器材，应当由专人管理，负责检查、维修、保养、更换和添置，保证完好有效，严禁圈占、埋压和挪用。

第五十四条　甲、乙、丙类物品国家储备库、专业性仓库以及其他大型物资仓库，应当按照国家有关技术规范的规定安装相应的报警装置，附近有公安消防队的宜设置与其直通的报警电话。

第五十五条　对消防水池、消火栓、灭火器等消防设施、器材，应当经常进行检查，保持完整好用。地处寒区的仓库，寒冷季节要采取防冻措施。

第五十六条　库区的消防车道和仓库的安全出口、疏散楼梯等消防通道，严禁堆放物品。

# 第八章　奖　惩

第五十七条　仓库消防工作成绩显著的单位和个人，由公安机关、上级主管部门或者本单位给予表彰、奖励。

第五十八条　对违反本规则的单位和人员，国家法现有规定的，应当按照国家法规予以处罚；国家法规没有规定的，可以按照地方有关法规、规章进行处罚；触犯刑律的，由司法机关追究刑事责任。

# 第九章　附　则

第五十九条　储存丁、戊类物品的库房或露天堆栈、货场，执行本规则时，在确保安全并征得当地公安消防监督机构同意的情况下，可以适当放宽。

第六十条　铁路车站、交通港口码头等昼夜作业的中转性仓库，可以按照本规则的原则要求，由铁路、交通等部门自行制定管理办法。

第六十一条　各省、自治区、直辖市和国务院有关部、委根据本规则制订的具体管理办法，应当送公安部备案。

第六十二条　本规则自发布之日起施行。一九八〇年八月一日经国务院批准、同年八月十五日公安部公布施行的《仓库防火安全管理规则》即行废止。

# 附　录

## 仓储场所消防安全管理通则

（强制性行业标准 GA1131-2014，2014 年 1 月 27 日公安部发布，自 2014 年 3 月 1 日起实施）

### 前　言

本标准的第 3 章、第 5 章—第 14 章（10.10 除外）为强制性的，其余为推荐性的。

本标准按照 GB/T 1.1—2009 给出的规则起草。

本标准由公安部消防局提出。

本标准由全国消防标准化技术委员会消防管理分技术委员会（SAC/TC 113/SC 9）归口。

本标准负责起草单位：中国人民武装警察部队学院。

本标准参加起草单位：公安部消防局。

本标准主要起草人：（略）

本标准为首次发布。

### 引　言

仓储场所具有物资集中、火灾荷载大的特点，特别是储存甲、乙类物品的仓储场所，一旦发生火灾，扑救难度大，易造成重大人身伤亡和财产损失，危害公共安全，严重影响经济建设和社会发展，有必要对其实施严格管理。

新中国成立后，国家相关部门对仓储场所消防安全非常重视，作出了许多规定，如《仓库防火基本措施》《商业仓库消防安全管理试行条例》《国家物资储备仓库消防工作条例》《国家粮油仓库消防安全管理试行办法》《仓库防火安全管理规则》《造纸行业原料场消防安全管理规定》《内贸系统仓库消防安全管理办法》等，积累了丰富的经验，但一直没有标准化规定。

《中华人民共和国消防法》第二十三条第三款规定："储存可燃物资仓库的管理，必须执行消防技术标准和管理规定。"为填补仓储场所消防管理的技术标准空白，全面总结仓储场所火灾预防经验和吸取火灾事故教训，系统、科学地规范仓储场所的消防安全管理工作，最大限度预防和减少仓储场所火灾危害，制定本标准。

1　范围

本标准规定了仓储场所消防安全管理的一般要求、消防安全职责、消防安全检查、储存管理、装卸安全管理、用电安全管理、用火安全管理、消防设施和消防器材管理、氨制冷储存场所管理、石油库管理、棉花储存场所管理、粮食储存场所管理等。

本标准适用于既有仓储场所，不适用于炸药仓库、花炮仓库。

2　规范性引用文件

下列文件对于本文件的应用是必不可少的。凡是注日期的引用文件，仅注日期的版本适用于本文件。凡是不注日期的引用文件，其最新版本（包括所有的修改单）适用于本文件。

GB 15603　常用化学危险品贮存通则

GB 15630　消防安全标志设置要求

GB/T 21243　烟花爆竹危险等级分类方法

GB 25201　建筑消防设施的维护管理

GB 50016　建筑设计防火规范

GB 50039　农村防火规范

GB 50057　建筑物防雷设计规范

CB 50058　爆炸和火灾危险环境电力装置设计规范

GB 50072　冷库设计规范

GB 50074　石油库设计规范

GB 50140　建筑灭火器配置设计规范

建标 152—2011　城市消防站建设标准

JGJ 16　民用建筑电气设计规范

3　一般要求

3.1　消防安全责任

3.2　消防组织

3.3　消防安全培训

3.4　消防安全标志

3.1　消防安全责任

仓储场所应落实逐级消防安全责任制和岗位消防安全责任制，明确逐级和岗位消防安全职责，确定各级、各岗位的消防安全责任人员口。

实行承包、租赁或者委托经营、管理的仓储场所，其产权单位应提供该场所符合消防安全要求的相应证明，当事人在订立相关租赁合同时，应明确各方的消防安全责任。

### 3.2　消防组织

储备可燃重要物资的大型仓库、基地和其他仓储场所，应根据消防法规的规定建立专职消防队、义务消防队，开展自防自救工作。

专职消防队的建设应参照建标 152—2011，在当地公安机关消防机构的指导下进行。专职消防队员可由本单位职工或者合同制工人担任，应符合国家规定的条件，并通过有关部门组织的专业培训。

### 3.3　消防安全培训

3.3.1　仓储场所应组织或者协助有关部门对消防安全责任人、消防安全管理人、消防控制室的值班操作人员进行消防安全专门培训。消防控制室的值班操作人员应通过消防行业特有工种职业技能鉴定，持证上岗。

3.3.2　仓储场所在员工上岗、转岗前，应对其进行消防安全培训；对在岗人员至少每半年应进行一次消防安全教育。

3.3.3　属于消防安全重点单位的仓储场所应至少每半年、其他仓储场所应至少每年组织一次消防演练。消防演练应包括以下内容：

a）根据仓储场所物品存放情况及危险程度，合理假设演练活动的火灾场景，如起火点、可燃物类型、火势蔓延情况等；

b）按照灭火和应急疏散预案设定的职责分工和行动要求，针对假设的火灾场景进行灭火处置、物资转移、人员疏散等内容实施演练；

c）对演练情况进行总结分析，发现存在问题，及时对灭火和应急疏散预案实施改进；

d）做好演练记录，载明演练时间、参加人员、演练组织、实施和总结情况等内容。

### 3.4 消防安全标志

仓储场所应按照 GB 15630 的要求设置消防安全标志。

仓储场所应划线标明库房的墙距、垛距、主要通道、货物固定位置等，并按本标准要求设置必要的防火安全标志。

### 4 消防安全职责

### 4.1 单位消防安全职责

### 4.2 消防安全责任人职责

### 4.3 消防安全管理人职责

### 4.4 仓储场所保管员职责

### 4.1 单位消防安全职责

仓储场所应履行以下消防安全职责：

a）制定各项消防安全制度和消防安全操作规程，逐级落实消防安全责任制；

b）开展消防法律法规和防火安全知识的教育，对员工进行消防安全培训；

c）落实本标准有关储存安全、装卸安全、用电安全、用火安全的各项规定；

d）保障仓储场所消防通道、安全出口和消防车通道畅通；

e）定期组织消防设施和器材的检测、维修、保障完好有效；

f）定期开展防火检查、防火巡查，及时消除火灾隐患；

g）制定灭火和应急疏散预案，定期组织消防演练；

h）发生火灾及时报警，并组织扑救初期火灾，保护火灾现场，协助火灾调查；

i）属于消防安全重点单位的，应建立消防档案。

4.2 消防安全责任人职责

4.2.1 仓储场所的法定代表人或主要负责人是该场所的消防安全责任人，应全面负责场所的消防安全工作。

4.2.2 仓储场所消防安全责任人应履行以下职责：

a）贯彻执行消防法律法规，掌握场所的消防安全情况，确保仓储场所消防安全符合规定；

b）统筹安排消防安全管理工作，批准实施年度消防安全工作计划，定期报告消防安全工作情况；

c）为消防安全管理提供必要的经费和组织保障；

d）确定逐级消防安全责任，批准实施消防安全制度和消防安全操作规程；

e）组织防火检查，督促整改火灾隐患，及时处理涉及消防安全的重大问题；

f）建立专职消防队或义务消防队，并配备相应的消防器材和装备；

g）针对本仓储场所的实际情况组织制定灭火和应急疏散预案。

4.3 消防安全管理人职责

4.3.1 仓储场所消防安全责任人可确定一名专职或兼职的消防安全管理人，负责日常消防安全管理工作。属于消防安全重点单位的，确定消防安全管理人后应向公安机关消防机构备案。

4.3.2 仓储场所消防安全管理人应掌握场所设置的各类消防系统的基本情况，并履行以下职责：

　　a）拟订年度消防安全工作计划，组织实施日常消防安全管理工作；

　　b）组织学习和贯彻消防法律法规，完成上级部署的消防安全工作；

　　c）组织制定消防安全制度和消防安全操作规程，落实逐级防火责任制和岗位防火责任制；

　　d）组织实施对场所消防设施、灭火器材和消防安全标志的维护保养，确保其完好有效，并保障消防通道、安全出口和消防车通道畅通；

　　e）组织开展防火检查，消除火险隐患；

　　f）组织专职或义务消防队开展业务训练，组织员工开展消防知识、技能的教育和培训；

　　g）组织灭火和应急疏散预案的实施和消防演练；

　　h）定期向消防安全责任人报告消防安全情况，及时报告涉及消防安全的重大问题；

　　i）定期总结消防安全工作，建议实施奖惩。

　　4.3.3　非消防安全重点单位未确定专职或兼职的消防安全管理人的。日常消防安全管理工作由消防安全责任人负责。

　　4.4　仓储场所保管员职责

　　仓储场所保管员应具备以下消防安全技能，做好本岗位的防火工作：

　　a）熟悉储存物品的分类、性质和消防安全知识；

　　b）掌握防火安全制度；

　　c）掌握消防器材的操作使用和维护保养方法；

　　d）掌握初期火灾的扑救方法和程序。

5 消防安全检查

5.1 防火检查

5.2 防火巡查

5.3 火灾隐患整改

5.4 消防档案

5.1 防火检查

5.1.1 仓储场所每月应至少组织一次防火检查，各部门（班组）每周应至少开展一次防火检查。

5.1.2 防火检查应包括以下内容：

a) 各项消防安全制度和消防安全操作规程的执行和落实情况；

b) 防火巡查、火灾隐患整改措施落实情况；

c) 安全员消防知识掌握情况；

d) 室内仓储场所是否设置办公室、员工宿舍；

e) 物品入库前是否经专人检查；

f) 储存物品是否分类、分组和分堆（垛）存放，防火间距是否满足要求，是否存放影响消防安全的物品等；

g) 火源、电源管理情况，用火、用电有无违章；

h) 消防通道、安全出口、消防车通道是否畅通，是否有明显的安全标志；

i) 消防水源情况，灭火器材配置及完好情况，消防设施有无损坏、停用、埋压、遮挡、圈占等影响使用情况；

j) 其他需要检查的内容。

5.2 防火巡查

5.2.1 属于消防安全重点单位的仓储场所应确定防火巡查

人员，每日应进行防火巡查，可利用场所视频监控等设备辅助开展防火巡查。

5.2.2　防火巡查应包括以下内容：

a）用火、用电有无违章；

b）有无吸烟和遗留火种现象；

c）进入库区的车辆有无违章；

d）装卸作业有无违章；

e）消防通道、安全出口、消防车通道是否畅通；

f）消火栓、灭火器、消防安全标志等设施、器材是否完好；

g）重点部位人员在岗在位情况；

h）门窗封闭、完好情况；

i）其他需要检查的内容。

5.3　火灾隐患整改

5.3.1　仓储场所对在防火检查、防火巡查以及公安机关消防机构消防监督检查中发现的火灾隐患，应及时进行整改消除。

5.3.2　仓储场所的火灾隐患整改应符合以下要求：

a）发现火灾隐患应立即改正，不能立即改正的，应报告上级主管人员；

b）消防安全责任人或消防安全管理人应组织对报告的火灾隐患进行认定，并对整改完毕的进行确认；

c）明确火灾隐患整改责任部门、责任人、整改的期限和所需经费来源；

d）在火灾隐患整改期间，应采取相应防范措施，保障消防安全；

e) 在火灾隐患未消除前，不能确保消防安全，随时可能引发火灾的，应将危险部位停产停业整改；

f) 对公安机关消防机构责令改正的火灾隐患或消防安全违法行为，应在规定的期限内改正，并将火灾隐患整改情况函复公安机关消防机构；

g) 对涉及城乡规划布局、不能自身解决的重大火灾隐患，应提出解决方案并及时向主管部门或当地人民政府报告。

5.4 消防档案

5.4.1 消防档案要求

属于消防安全重点单位的仓储场所应建立消防档案，内容应包括消防安全基本情况和消防安全管理情况。消防档案应符合以下要求：

a) 消防安全重点单位应依法建立纸质消防档案，并应同时建立电子档案；

b) 消防档案内容应详实，全面反映消防安全工作情况，并附有必要的图纸、图表；

c) 消防档案应由专人统一管理，按档案管理要求装订成册。

5.4.2 消防安全基本情况

仓储场所消防安全基本情况应包括以下内容：

a) 场所基本概况和消防安全重点部位情况；

b) 场所消防设计审核、消防验收或备案的许可文件和相关资料；

c) 消防组织和逐级消防安全责任人员；

d) 消防安全制度和消防安全操作规程；

e）消防设施和消防器材的配置情况；

f）专职（义务）消防队人员及装备配备情况；

g）消防安全管理人、自动消防系统操作人员、电（气）焊工、电工、易燃易爆化学物品作业人员的基本情况；

h）消防产品、防火材料的合格证明文件。

5.4.3 消防安全管理情况

仓储场所消防安全管理情况应包括以下内容：

a）消防安全例会纪要或决定；

b）公安机关消防机构的各种法律文书；

c）消防设施定期检查记录、测试报告以及维修保养记录；

d）火灾隐患、重大火灾隐患及其整改情况记录；

e）防火检查、巡查记录；

f）有关电气设备检测、防雷装置检测等记录资料；

g）消防安全培训记录；

h）灭火和应急疏散预案及消防演练记录；

i）火灾情况记录；

j）消防奖惩情况记录。

6 储存管理

6.1 仓储场所按储存物品的火灾危险性应按 GB 50016 的规定分为甲、乙、丙、丁、戊 5 类。

6.2 仓储场所内不应搭建临时性的建筑物或构筑物；因装卸作业等确需搭建时，应经消防安全责任人或消防安全管理人审批同意，并明确防火责任人、落实临时防火措施，作业结束后应立即拆除。

6.3 室内储存场所不应设置员工宿舍。甲、乙类物品的室内储存场所内不应设办公室。其他室内储存场所确需设办公室时，其耐火等级应为一、二级，且门、窗应直通库外。

6.4 甲、乙、丙类物品的室内储存场所其库房布局、储存类别及核定的最大储存量不应擅自改变。如需改建、扩建或变更使用用途的，应依法向当地公安机关消防机构办理建设工程消防设计审核、验收或备案手续。

6.5 物品入库前应有专人负责检查，确认无火种等隐患后，方准入库。

6.6 库房储存物资应严格按照设计单位划定的堆装区域线和核定的存放量储存。

6.7 库房内储存物品应分类、分堆、限额存放。每个堆垛的面积不应大于 $150m^2$。库房内主通道的宽度不应小于 2m。

6.8 库房内堆放物品应满足以下要求：

a）堆垛上部与楼板、平屋顶之间的距离不小于 0.3m（人字屋架从横梁算起）；

b）物品与照明灯之间的距离不小于 0.5m；

e）物品与墙之间的距离不小于 0.5m；

d）物品堆垛与柱之间的距离不小于 0.3m；

e）物品堆垛与堆垛之间的距离不小于 1m。

6.9 库房内需要设置货架堆放物品时，货架应采用非燃烧材料制作。货架不应遮挡消火栓、自动喷淋系统喷头以及排烟口。

6.10 甲、乙类物品的储存除执行 GB 15603 的要求外，还应满足以下要求：

a）甲、乙类物品和一般物品以及容易相互发生化学反应或灭火方法不同的物品，应分间、分库储存，并在醒目处悬挂安全警示牌标明储存物品的名称、性质和灭火方法；

b）甲、乙类桶装液体，不应露天存放。必须露天存放时，在炎热季节应采取隔热、降温措施；

c）甲、乙类物品的包装容器应牢固、密封，发现破损、残缺，变形和物品变质、分解等情况时，应及时进行安全处理，防止跑、冒、滴、漏；

d）易自燃或遇水分解的物品应在温度较低、通风良好和空气干燥的场所储存，并安装专用仪器定时检测，严格控制湿度与温度。

6.11 室外储存应满足以下要求；

a）室外储存物品应分类、分组和分堆（垛）储存。堆垛与堆垛之间的防火间距不应小于4m，组与组之间防火间距不应小于堆垛高度的2倍，且不应小于10m。室外储存场所的总储量以及与其他建筑物、铁路、道路、架空电力线的防火间距应符合GB 50016的规定。

b）室外储存区不应堆积可燃性杂物，并应控制植被、杂草生长，定期清理。

6.12 将室内储存物品转至室外临时储存时，应采取相应的防火措施，并尽快转为室内储存。

6.13 物品质量不应超过楼地面的安全载荷，当储存吸水性物品时，应考虑灭火时可能吸收的水的质量。

6.14 储存物品与风管、供暖管道、散热器的距离不应小于0.5m，与供暖机组、风管炉、烟道之间的距离在各个方向上都不应小于1m。

6.15 使用过的油棉纱、油手套等沾油纤维物品以及可燃包装材料应存放在指定的安全地点，并定期处理。

7 装卸安全管理

7.1 进入仓储场所的机动车辆应符合国家规定的消防安全要求，并应经消防安全责任人或消防安全管理人批准。

7.2 进入易燃、可燃物资储存场所的蒸汽机车和内燃机车应设置防火罩。蒸汽机车应关闭风箱和送风器，并不应在库区内清炉。

7.3 汽车、拖拉机不应进入甲、乙、丙类物品的室内储存场所。进入甲、乙类物品室内储存场所的电瓶车，铲车应为防爆型；进入丙类物品室内储存场所的电瓶车、铲车和其他能产生火花的装卸设备应安装防止火花溅出的安全装置。

7.4 储存危险物品和易燃物资的室内储存场所，设有吊装机械设备的金属钩爪及其他操作工具的，应采用不易产生火花的金属材料制造，防止摩擦、撞击产生火花。

7.5 车辆加油或充电应在指定的安全区域进行，该区域应与物品储存区和操作间隔开；使用液化石油气、天然气的车辆应在仓储场所外的地点加气。

7.6 甲、乙类物品在装卸过程中，应防止震动、撞击、重压、摩擦和倒置。操作人员应穿戴防静电的工作服、鞋帽，不应使用易产生火花的工具，对能产生静电的装卸设备应采取静电消除措施。

7.7 装卸作业结束后，应对仓储场所、室内储存场所进行防火安全检查，确认安全后，作业人员方可离开。

7.8 各种机动车辆装卸物品后，不应在仓储场所内停放和修理。

8  用电安全管理

8.1  仓储场所的电气装置应符合 JGJ 16 的规定。甲、乙类物品室内储存场所和丙类液体室内储存场所的电气装置，应符合 GB 50058 的规定。

8.2  丙类固体物品的室内储存场所，不应使用碘钨灯和超过 60W 以上的白炽灯等高温照明灯具。当使用日光灯等低温照明灯具和其他防燃型照明灯具时，应对镇流器采取隔热、散热等防火保护措施，确保安全。

8.3  仓储场所的电器设备应与可燃物保持不小于 0.5m 的防火间距，架空线路的下方不应堆放物品。

8.4  仓储场所的电动传送设备、装卸设备、机械升降设备等的易摩擦生热部位应采取隔热、散热等防护措施。对提升、码垛等机械设备易产生火花的部位，应设置防护罩。

8.5  仓储场所的每个库房应在库房外单独安装电气开关箱，保管人员离库时，应切断场所的非必要电源。

8.6  室内储存场所内敷设的配电线路，应穿金属管或难燃硬塑料管保护。不应随意乱接电线，擅自增加用电设备。

8.7  室内储存场所内不应使用电炉、电烙铁，电熨斗、电热水器等电热器具和电视机、电冰箱等家用电器。

8.8  仓储场所的电气设备应由具有职业资格证书的电工进行安装、检查和维修保养。电工应严格遵守各项电气操作规程。

8.9  仓储场所的电气设备应设专人管理，由持证的电工进行安装和维修。发现漏电、老化、绝缘不良、接头松动、电线互相缠绕等可能引起打火、短路、发热时，应立即停止使用，并及时修理或更换。禁止带电移动电气设备或接线、检修。

8.10 仓储场所的电气线路、电气设备应定期检查、检测，禁止长时间超负荷运行。

8.11 仓储场所应按照 GB 50057 设置防雷与接地系统，并应每年检测一次，其中甲、乙类仓储场所的防雷装置应每半年检测一次，并应取得专业部门测试合格证书。

9 用火安全管理

9.1 进入甲、乙类仓储场所的人员应登记，禁止携带火种及易燃易爆危险品。

9.2 仓储场所内应禁止吸烟，并在醒目处设置"禁止吸烟"的标志。

9.3 仓储场所内不应使用明火，并应设置醒目的禁止标志。因施工确需明火作业时，应按用火管理制度办理动火证，由具有相应资格的专门人员进行动火操作，并设专人和灭火器材进行现场监护；动火作业结束后，应检查并确认无遗留火种。动火证应注明动火地点、时间、动火人、现场监护人、批准人和防火措施等内容。

9.4 室内储存场所禁止安放和使用火炉、火盆、电暖器等取暖设备。

9.5 仓储场所内的焊接、切割作业应在指定区域进行，并应满足以下条件：

a）在工作区域内配备 2 具灭火级别不小于 3A 的灭火器；

b）设有自动消防设施的，应确保自动消防设施处于正常状态；

c）工作区周边 8m 以内不应存放物品，且应采用防火幕布、金属板、石棉板等与相邻可燃物隔开；

d）若焊接、烘烤的部位紧邻或穿越墙体、吊顶等建筑分隔结构，应在分隔结构的另一侧采取相应的防火措施；

e）作业期间应有专人值守，作业完成 30min 后值守人员方可离开。

9.6　仓储场所内部和距离场所围墙 50m 范围内禁止燃放烟花爆竹，距围墙 100m 范围内禁止燃放 GB/T 21243 规定的 A 级、B 级烟花爆竹。仓储场所应在围墙上醒目处设置相应禁止标志。

10　消防设施和消防器材管理

10.1　仓储场所应按照 GB 50016 和 GB 50140 设置消防设施和消防器材。

10.2　仓储场所应按照 GB 25201 的有关规定，明确消防设施的维护管理部门、管理人员及其工作职责，建立消防设施值班、巡查、检测、维修、保养、建档等制度，确保消防设施正常运行。

10.3　仓储场所禁止擅自关停消防设施。值班、巡查、检测时发现故障，应及时组织修复。因故障维修等原因需要暂时停用消防系统的，应有确保消防安全的有效措施，并经消防安全责任人或消防安全管理人批准。

10.4　仓储场所设置的消防通道、安全出口、消防车通道，应设置明显标志并保持通畅，不应堆放物品或设置障碍物。

10.5　仓储场所应有充足的消防水源。利用天然水源作为消防水源时，应确保枯水期的消防用水。对吸水口、吸水管等取水设备应采取防止杂物堵塞的措施。

10.6　仓储场所应设置明显标志划定各类消防设施所在区

域，禁止圈占、埋压、挪用和关闭，并应保证该类设施有正常的操作和检修空间。

10.7　仓储场所设置的消火栓应有明显标志。室内消火栓箱不应上锁，箱内设备应齐全、完好。距室外消火栓、水泵接合器 2m 范围内不应设置影响其正常使用的障碍物。

10.8　寒冷地区的仓储场所，冬季时应对消防水源、室内消火栓、室外消火栓等设施采取相应的防冻措施。

10.9　仓储场所设置的灭火器不应设置在潮湿或强腐蚀的地点；确需设置时，应有相应的保护措施。灭火器设置在室外时，应有相应的保护措施。

10.10　设有消防控制室的甲、乙、丙类物品国家储备库、专业性仓库以及其他大型物资仓库，宜接入城市消防远程监控系统。

11　氨制冷储存场所管理

11.1　每座冷库冷藏间的占地面积和防火分区面积应符合 GB 50072 的规定。当冷库设在地下室时，只允许设置在地下一层。

11.2　冷库应设置消防车通道，贴邻建造的库房应设置环形消防车通道。

11.3　库房内禁止设置与库房生产、管理无直接关系的其他用房。

11.4　冷藏间的冷藏门内侧应设有应急开锁装置，并设有醒目的标识。门口附近应设置能将信号传送至制冷机房控制室或有人值班房间的呼叫按钮。氨制冷机房和变配电所的门应采用平开门并向外开启。

11.5 库房的安全出口应设在穿堂附近，开向穿堂的门应为乙级防火门。多层、高层冷库的办公、更衣、休息应设置在首层，且应至少有 1 个独立的安全出口。

11.6 氨压缩机房、设备间、楼梯间、穿堂等部位应设置消火栓系统。大型冷库、高层冷库应设自动喷水灭火系统，并根据环境温度进行设计选型。制冷机房内的氨压缩机、贮氨罐等部位宜设置开式喷淋系统，且可手动控制，用于吸收、稀释泄漏的氨气。大型冷库、有条件的中小型冷库宜安装火灾自动报警系统。

11.7 氨制冷机房等液氨泄漏的主要防范部位，应设置具有声光报警功能的氨气浓度报警装置，其报警浓度应符合 GB 50072 的规定，并应能在报警时自动开启事故排风机。氨气浓度报警装置应按照产品使用说明书的规定定期进行调零与标定。

11.8 穿过库房隔热层的电气线路应采取穿管保护，并采用耐低温绝缘电缆。

11.9 氨制冷机房、变配电室等部位应设置防爆型应急照明灯具，其照度和持续时间应符合 GB 50072 的规定。氨制冷机房靠近其疏散出口的外墙上，应设置除事故排风机和应急照明灯具以外制冷机房其他用电设备的手动电源紧急切断装置，并应有警示标识。

11.10 氨制冷储存场所灭火和应急疏散预案应包含对可能发生的泄漏、火灾和爆炸危险事故的基本预测和危害分析；报警、停机、关阀、泄压排空、器具堵漏、自救灭火等应急处置措施；隔离、疏散方式，中毒、烧伤救护方法等现场抢救措施和条件保障；事故处理后的善后洗消处理措施。

11.11　氨制冷储存场所应在控制室或值班室配备应急通讯器材、堵漏器材和工具、过滤式防毒面具、正压式空气呼吸器、隔离式防护服、橡胶手套、胶靴、化学安全防护眼镜等应急防护、救援器材，且防护器具应存放在安全、便于取用的地方，并有专人负责保管，定期校验和维护。

11.12　氨制冷储存场所应设置明显的安全警示标志和安全告知牌，安全告知牌应注明液氨特性、危害防护、处置措施、报警电话等内容。

11.13　氨制冷储存场所应将液氨安全管理知识培训作为场所消防安全教育的主要内容。通过教育培训，使场所从业人员熟悉液氨的危害性，掌握液氨的理化性质和应急处置方法。

12　石油库管理

12.1　石油库的消防设施和消防器材设置应符合 GB 50016、GB 50074 的规定。

12.2　石油库的消防应急预案应按照"一罐一案"的要求制定，根据不同油品的火灾危险性制定相应对策，包括库存现有的消防设施器材用量、油库物料的转移、现场警戒等内容，并将区域内消防联防力量及附近可以调用或共用的水源纳入预案中，与消防联防力量之间应建立有效的无线通讯指挥体系。

12.3　油库入口及库区内应设置明显的"禁止烟火"等消防安全标识，并严格落实入库人员禁止携带火种、库内禁止吸烟、擅自动火的规定。交通运输工具进入库区应安装阻火熄火设施。

12.4　石油库职工应按防止产生火花、静电的要求着装，使用不产生火花的专用检修、测量工具进行作业。气焊、电焊等动火作业前应排清易燃易爆物料。

12.5 库内的绿化不应妨碍消防操作。

12.6 石油库应将油罐区、液化石油气罐区、油品装卸区、桶装油品库房、消防控制室、泡沫站、消防水池（罐）、消防泵房等列为消防安全重点部位。

12.7 油罐区的消防安全管理应符合以下要求：

a）储罐成组布置，火灾危险性相同或相近的储罐布置在同一组内；

b）一个油罐组内油罐的总容量、油罐数量符合 GB 50074 规定；

c）防火堤（包括子堤）不存在倒塌、破损或存在孔洞的现象；

d）管道穿越防火堤（包括子堤）处采用非燃烧材料严密填实；

e）雨水沟穿越防火堤处的隔油池、水封井等完好；

f）不存在油品"跑冒滴漏"现象。

12.8 油品装卸区的消防安全管理应符合以下要求：

a）从下部接卸铁路油罐车的卸油系统和汽车油罐车向卧式容器卸甲、乙、丙 A 类油品的卸油系统按要求采用密闭管道系统；

b）从上部向铁路油罐车，汽车油罐车灌装甲、乙、丙 A 类油品时，鹤管长度足以插到油罐的底部；

c）现场不存在油品"跑冒滴漏"现象；

d）铁路装卸区布置在石油库的边缘地带，公路装卸区布置在石油库面向公路的一侧，栈桥、装油亭等均为不燃烧体结构；

e）油品装卸区防雷防静电设施完好，电气设备符合防爆要求；

12.9　桶装油品库房的消防安全管理应符合以下要求：

a）甲、乙类油品的重桶库房应设在地面单层建筑内，敞棚承重柱的耐火极限不低于 2.5h，顶面承重机构及屋面材料不应使用可燃材料。

b）当甲、乙类油品重桶与丙类油品重桶储存在同一栋库房内时，两者之间应采用完整的防火墙分隔。

c）甲、乙类油品灌装油泵与灌油栓之间、甲、乙类油品灌桶间与重桶库房之间应采用完整的防火墙分隔。

d）油品重桶库房应设外开门，丙类油品重桶库房，应在墙外侧设推拉门。建筑面积大于或等于 100m² 的重桶堆放间，门的数量不应少于 2 个，门宽不应小于 2m，并应设置斜坡式门槛，门槛应选用非燃烧材料，且应高出室内地坪 0.15m。

e）库房内应保持良好通风，安装的电气设备应满足防爆要求，地面采用撞击不发生火花的地面。

f）重桶的堆放量不超过三日的灌装量，且应堆放在库房（棚）内。

g）油桶堆放应符合以下要求：

1）空油桶宜卧式堆码，堆码层数宜为 3 层，且不应超过 6 层；

2）重桶应立式堆码，机械堆码时，甲类油品不应超过 2 层，乙类和丙 A 类油品不应超过 3 层，丙 B 类油品不应超过 4 层；人工堆码时，各类油品均不应超过 2 层；

3）运输油桶的主要通道宽度，不应小于 1.8m；桶垛之间的辅助通道宽度，不应小于 1m；桶垛与墙柱之间的距离，不应小于 0.3m；

　　4）单层的重桶库房净空高度不应小于 3.5m；

　　5）油桶多层堆码时，最上层距屋顶构件的净距不应小于 1m。

　　13　棉花储存场所管理

　　13.1　棉花储存应使用专用堆场、仓库，不得与其他物品混存。不同类别的棉花应分区、分库储存。

　　13.2　棉花总储量超过 5000t 的露天、半露天堆场，应分设堆场，堆场之间的防火间距不应小于 30m。堆场之间相邻的棉花堆垛应分别使用蓬布苦盖。

　　13.3　露天、半露天棉花堆场内的棉垛与场区围墙之间的间距不应小于 10m。露天、半露天籽棉堆垛与皮棉堆垛之间的防火间距，不应小于 3.5m。

　　13.4　露天、半露天籽棉堆垛和靠近场（库）区围墙、铁道旁的皮棉堆垛，应使用阻燃蓬布苦盖。

　　13.5　棉花堆垛布置应符合以下要求：

　　a）棉花堆垛应分组布置，每组不超过 8 垛，垛高不大于 8m，组与组之间的防火间距不小于垛高的 2 倍，且不小于 10m；

　　b）露天、半露天籽棉堆垛每垛占地面积不大于 350m²，垛与垛之间的防火间距不小于 8m；

　　c）露天、半露天皮棉堆垛每垛占地面积不大于 250m²，垛与垛之间的防火间距不小于 4m；

　　d）仓库内棉花堆垛每垛占地面积不大于 150m²，垛与垛、门之间的距离不小于 2m，垛与墙的距离不小于 0.5m，垛与柱的距离不小于 0.3m，垛与梁的距离不小于 1m。

　　13.6　棉花储存场所内应采用防爆型或防尘型照明灯具和开

关；堆场户外照明灯具应采用防护型灯具。

13.7 堆放籽棉的电动机械应采用防护型开关，移动式电缆应采取防止碾压的措施，并设专人进行现场看护，定期进行绝缘性能检验。

13.8 棉花储存场所应配备消防机动泵、消火栓等消防设施、器材以及其他灭火工具，并指定专人管理，定期进行检验、维修，冬季采取防冻措施，保证正常使用。

13.9 棉花储存场所应严格执行门卫和夜间巡逻制度。棉花堆场区、仓库区禁止携带火种进入，并应设置明显的防火安全标志牌和禁止吸烟的警示牌。

13.10 棉花堆场区、仓库区外设置的维修工房、装卸人员休息室，安装和使用电暖器、火炉等应符合防火要求，并经本单位消防安全责任人批准。

13.11 装卸棉花的机动车辆应符合以下要求：

a）配装符合国家标准的排气火花熄灭器，排气管一侧不应靠近棉垛；

b）在固定地点停车，不应在库区内加油或者修理车辆；

c）进入棉花堆场区、仓库区作业的电瓶车、铲车、叉车及上垛用的吊车，应采取防止打出火花的安全措施。

13.12 气象部门预报风力达 7 级以上的，棉花储存场所应组织专门人员实施 24h 不间断巡查。

14 粮食储存场所管理

14.1 粮食储存场所应设置在相对独立的安全区域，不应设置在架空电气线路的下方。露天囤、露天堆垛和罩棚等临时储粮场所应设置在粮库储存区内相对独立的安全区域。

14.2 粮食储存场所四周应设置不燃烧体实体围墙，入口处应有专人值守。设有露天囤、露天堆垛和罩棚等临时储粮场所的库区，应设置高度不低于 2.2m 的不燃烧体实体围墙。

14.3 粮食储存场所的最大允许占地面积、防火分区面积应符合 GB 50016 的有关规定。

14.4 粮食储存场所内部组与组之间及与其他建筑之间的防火间距应符合 GB 50016 的有关规定。露天囤、露天堆垛和罩棚均应分组、分区布置，并符合以下要求：

a）每组的总储存量不大于 5000t，每区的总储量不大于 20000t；

b）组与组之间的防火间距不小于垛（囤、棚）高的 2 倍，且不小于 10m；

c）区与区之间的防火间距不小于 30m，当每区的总储量小于 5000t 时可不小于 25m；

d）罩棚之间的防火间距不小于 16m。

14.5 在同一粮食储存区内，露天囤、露天堆垛和罩棚应各自成区布置，不能相互混合布置。

14.6 粮食储存场所应按照 GB 50016 设置消防车通道并保持畅通。露天囤、露天堆垛和罩棚等临时储粮场所的消防车通道设置应符合以下要求：

a）总储量大于 5000t 的，应设置环形消防车通道；

b）总储量为 1000t—5000t 的，应沿其两条长边设置消防车通道；

c）总储量小于 1000t 的，应沿其一条长边设置消防车通道；

d）占地面积大于 1500m² 的罩棚，应设置环形消防车通道；

e）占地面积不大于 1500m² 的罩棚，应沿其两条长边设置消防车通道。

14.7　露天囤和露天堆垛应采用难燃材料遮盖，罩棚的屋顶应采用不燃材料，禁止采用可燃保温材料，其遮阳和遮挡雨雪设施应采用难燃材料。

14.8　露天囤的檐口高度不应大于 7m，露天堆垛和罩棚的堆粮高度不应大于 5m。

14.9　粮食储存场所应设置室外消防给水系统，消防给水管网、消防水池、消防水泵房的设置应符合 GB 50016、GB 50039 的有关规定。露天囤、露天堆垛和罩棚等临时储粮场所应根据其储量设置消防用水量。消防用水应尽量利用市政供水管网、库区既有消防供水管网和消防水池，当不能满足要求时，不足部分应增设消防水池或水井，并符合以下要求：

a）当总储量大于 10000t 时，应设置有效容量不小于 400m³ 的消防水池，并设置消防车取水设施；

b）当总储量不大于 10000t 且不能设置消防水池时，应根据临时储粮总储量设置水井，每口水井出水量不应小于 15L/s。

14.10　露天囤、露天堆垛和罩棚等临时储粮场所应设置灭火器、储水桶、砂箱等消防器材。每 5000t 应至少配备 1 具灭火级别不小于 6A 的推车式灭火器，且每个场所不应少于 2 具。

14.11　远离消防站保护范围的粮食储存场所，应配置消防车，每台消防车的载水量不应小于 4t，并应配备机动消防泵、水带、水枪等消防装备。机动消防泵应储存不小于 3h 的燃油总用量，每台泵应至少配置总长不小于 150m 的水带和 2 支水枪。

14.12 粮食筒仓及工作塔内应严格划分粉尘爆炸危险区域。粉尘爆炸危险区域内的电器设备应采用密封防爆型。禁止在库内使用电热设备取暖。

14.13 粮食储存场所使用粮仓机械时，其电源应由橡套电缆引入库内，橡套电缆不应损坏或有接头，电气开关及易产生火花的部位应佩带金属防护罩。配电箱的引入、引出线应采取防破损措施。

14.14 进入粮食储存场所的机动车，应在排气管尾端安装防火帽。拖拉机、汽车等发生故障进行修理时，应拖离至粮食储存场所 30m 以外，禁止在粮食储存场所进行修理或加油。

14.15 粮食储存场所的烟囱应采取设置阻火网等防止火星外逸的措施。

14.16 禁止在露天囤、露天堆垛和罩棚等临时储粮场所周围 100m 范围内焚烧杂草和秸秆等易燃、可燃物。临时储粮场所应在围墙上醒目处设置相应禁止标志。

14.17 遇有 5 级及以上大风天气时，禁止在储粮区进行室外用火、用电作业；遇有 6 级及以上大风天气时，除取暖锅炉和烘干塔锅炉外，禁止在库区内进行其他生产、生活明火作业。

14.18 因储粮需要使用易燃易爆危险品药剂时，药剂应盛放在不燃材料器皿内，药剂投入不应过于集中，禁止药剂与水接触，严格控制环境温度。易产生易燃易爆气体的场所应留有足够空间并加强通风。操作人员不应穿带钉的鞋，不应使用铁质工具。

14.19 易燃、可燃材料应整齐堆放在指定地点，并与粮食储存场所保持足够的安全距离，或采用不燃、难燃材料覆盖。

露天囤、露天堆垛和罩棚等临时储粮场所内的易燃、可燃材料应及时清理。

## 参考文献

［1］ 中华人民共和国消防法（2008.10）

［2］ 国家物资储备仓库安全保卫办法（国家发展改革委员会、公安部令第 12 号）

［3］ 机关、团体、企业、事业单位消防安全管理规定（公安部令第 61 号）

［4］ NFPA 230 仓储消防标准（2003 版）

# 上海市露天仓库消防安全管理规定

（1984 年 7 月 19 日上海市人民政府发布；根据 2010 年 12 月 20 日上海市人民政府令第 52 号公布的《上海市人民政府关于修改〈上海市农机事故处理暂行规定〉等 148 件市政府规章的决定》修正并重新发布）

## 第一章 总 则

**第一条** 为了使易燃可燃物资免遭火灾危害，保障国家财产安全，根据《仓库防火安全管理规则》等法规，结合本市情况，特制订本规定。

**第二条** 本规定适用于本市新建、扩建、改建和原有的棉花、毛麻、纸张、布匹、百货、化纤、稻草、芦苇、木材（板材）、粮食等易燃可燃货物的露天仓库（以下简称露天仓库）。

**第三条** 原有的露天仓库，凡不符合本规定的，应限期改进，到期不改进或者无法改进的，应予停止使用。

**第四条** 本规定由建设、设计和负责管理露天仓库的单位贯彻实施，各级公安机关消防机构负责检查监督。

## 第二章 露天仓库的设置

**第五条** 露天仓库应设在水源充足、交通方便、通讯条件较好、消防车能够驶到的地方。

**第六条** 露天仓库四周和仓库内堆场与生活区之间，均应砌筑高度不低于二米的非燃烧材料的实体防火墙。

**第七条** 在露天仓库四周内，应留有宽度不小于六米的平坦空地，作为消防车道。在消防车道上，禁止堆放障碍物。贮量大的露天仓库，应设两个以上的大门。

**第八条** 贮量大的露天仓库，应将生活区、生活辅助区和堆场分开布置。有明火的生产辅助区和生活用房与堆垛之间，至少应保持三十米的防火间距。有飞火的烟囱应布置在仓库的侧风地带。

**第九条** 露天仓库堆场与其他建筑物、铁路、道路、架空电力线的防火间距，应按《建筑设计防火规范》的有关规定执行。

**第十条** 露天仓库堆场应分堆垛和分组设置。每个堆垛的面积为：棉花、毛麻不得大于七十二平方米；木材（板材）不得大于三百平方米；稻草、芦苇等不得大于一百五十平方米。堆垛高度均不得超过八米。堆垛与堆垛之间，棉花、毛麻至少应留有四米宽度，其他货物至少应留有三米宽度的消防通道。分组布置时每个组的总贮量为：棉花、毛麻不得超过一千吨；木材（板材）不得超过一万立方米；稻草、芦苇等不得超过二万吨。组与组之间至少应留有十米的防火间距。

车站、码头等临时周转性的露天堆场，每个堆垛的面积不得大于一百二十平方米，堆垛高度不得超过八米，堆垛与堆垛之间至少应留有二米的消防通道，组与组之间至少应留有十米宽度的防火间距。

## 第三章 储存和装卸

**第十一条** 对储存的货物应经常进行防火安全检查，发现火险隐患，必须及时采取措施，予以消除。对新入场的货物，如发现有引起火警的疑点，应在安全地点单独存放二十四小时，经观察检查确无危险后方准入场。新的堆垛应插上明显标记，并应在二十四小时内加强监护。

第十二条　棉花、稻草、麻等会自燃的货物堆垛，应保持良好通风，并应经常测量堆垛内的温湿度。发现温度超过三十八度或籽棉水分超过百分之十二时，应及时采取措施，防止自燃起火。

第十三条　堆垛应逐步采用非燃烧或难燃烧性能的防火布覆盖。

第十四条　拖拉机不准进入堆场进行装卸作业，其他车辆进入堆场装卸时，应安装符合要求的火星熄灭器。船只在停靠码头装卸货物时不准生火烧饭。火车进入堆场专用线时不准掏炉灰，车务人员不准吸烟。严禁携带火种进入堆场。装运棉花等货物应使用盖布覆盖。

第十五条　堆场内吊装机械设备必须符合防火安全作业要求，防止产生火星，引起火灾。装过化学危险物品的车、船，必须在清洗干净后方准装运易燃可燃货物。

第四章　用电管理

第十六条　在露天仓库堆场内一般应使用地下电缆，如使用地下电缆有困难需要设置架空电力线的，应经供电部门同意后，方准设置，但架空电力线与堆垛最近水平距离不应小于电杆高度的一点五倍。

第十七条　堆场内接装临时电气线路，须经防火负责人同意，并应采取相应的安全措施。临时电气线路使用完毕后应立即拆除。堆场内供装卸使用的移动电气线路，应使用绝缘良好和坚韧的橡皮保护铜芯线，并应采取措施，以防橡皮保护铜芯线被挤压或者被磨损。

**第十八条** 堆场内使用的电灯灯头与堆垛之间至少应保持一米的距离；安装的防雨开关箱、接线盒，应距离堆垛外缘一点五米。堆场内严禁使用碘钨灯。

**第十九条** 堆场内的电气设备应当由具有相应资质的专业电工按照规定安装，并做好经常性的维修、检查和管理工作。严禁超负荷用电，以防电气设备起火。

**第二十条** 贮量大的露天仓库堆场应严格按照国家防雷规范有关规定，安装独立的避雷装置。

## 第五章 消防灭火设施

**第二十一条** 露天仓库的室外消防用水量，应按照《建筑设计防火规范》的有关规定执行。

**第二十二条** 市政给水管网能够提供充足消防用水的露天仓库，应设置消防给水管道和室外消火栓。消防管道的口径应根据所需最大消防用水量确定，一般不应小于一百五十毫米。消防管道的设置应呈环状，其进水口一般不应少于两处。室外消火栓应沿消防车道或堆场内交通道路的边缘设置，消火栓之间的距离不应大于五十米。

**第二十三条** 采用低压给水系统，管道内的压力在消防用水量达到最大时，不低于1公斤/平方厘米；采用高压给水系统，管道内的压力应保证二支水枪同时布置在堆场内最远和最高堆垛的最高处时，水枪充实水柱不小于十三米。每支水枪的流量不应小于5升/秒。

第二十四条 采用江河、湖泊等天然水源作为消防用水的，应确保枯水期最低水位时消防用水的可靠性。可供消防车使用的吸水点不应少于二个；贮量大的露天仓库，吸水点不应少于四个。每个吸水点至少应能停靠二辆消防车。

第二十五条 用消防水池作为消防水源的，消防水池的容量应根据《建筑设计防火规范》的有关规定，满足六小时火灾延续时间的全部消防用水量。消防水池的补水时间不应超过四十八小时，保护半径不应大于一百五十米。超过一千立方米的消防水池应分设成二个。

第二十六条 堆场内应成组布置酸碱、泡沫、二氧化碳等灭火器。每组灭火器不应少于四只，每组灭火器之间的距离不应大于三十米。

第二十七条 堆场内应设置电动手按报警点，报警点与报警点之间的距离不应大于三十米。联系各报警点的消防值班室，应安装报警显示装置。贮量大的露天仓库一般应在就近公安消防队内安装直线火警电话。

## 第六章 组织领导

第二十八条 露天仓库必须有一名行政领导担任防火负责人，其职责是：

（一）贯彻执行消防法规和有关指示；组织制订岗位防火责任制度，火源、电源管理制度，门卫制度，值班巡逻制度，安全检查制度和各项操作规程；划分防火责任区，指定区域防火负责人，明确职责，逐级落实防火任务；

（二）领导专职、义务消防队（员），加强管理教育和业务训练，组织职工扑灭火灾；定期组织防火安全检查，及时消除火险隐患；组织领导值班巡逻工作，防火、防盗、防止坏人纵火破坏；负责组织消防器材设备的配置、维修和管理工作；

（三）负责组织向职工进行防火安全教育，普及消防知识，提高职工的防火警惕性。对各种专业人员和新进库工作的职工，进行专业防火安全知识的教育。

**第二十九条** 露天仓库的上级主管部门及货主单位必须配备专人，负责经常检查、监督仓库的消防安全工作。

**第三十条** 露天仓库应指派专职消防人员；贮量大的露天仓库，公安机关消防机构认为需要建立专职消防队的，应建立消防队，并应配备消防车。

**第三十一条** 露天仓库应按仓库职工总人数的百分之七十组建群众义务消防队，每个班组都有义务消防员。义务消防队应积极开展消防业务技术训练活动，熟悉和掌握仓库内的各种消防器材。

**第三十二条** 露天仓库应指派有关人员积极参加本地区的消防联防，开展互查互帮活动。

## 第七章 奖 惩

**第三十三条** 凡在仓库消防工作中，认真执行本规定和其他消防规章制度，积极参加各项消防活动，临警机智勇敢进行扑救，有显著成绩的单位和个人，由公安机关、上级主管部门或者本单位给予表彰、奖励。

**第三十四条** 对违反本规定造成火灾的有关责任人员，应当根据情节轻重，由所在单位或者上级主管部门给予行政处分；

或者按照有关法律、法规给予行政处罚；构成犯罪的，依法追究刑事责任。

## 第八章　附　则

**第三十五条**　本规定经上海市人民政府批准，自一九八四年十月一日起执行。

**第三十六条**　凡本市过去有关规定与本规定相抵触的，均以本规定为准。

# 卷烟物流仓库消防安全管理规定

## （本文为参考资料）

## 第一章　总　则

**第一条**　为了加强卷烟物流中心的仓库消防安全管理，预防火灾事故的发生，根据《中华人民共和国消防法》、《烟草行业消防安全管理规定》的有关规定，制定本规定。

**第二条**　卷烟物流中心消防工作必须贯彻"预防为主，防消结合"的方针，实行"谁主管谁负责"的原则。

**第三条**　卷烟物流中心的仓库作为公安消防监督机构消防保卫重点单位，安全生产监督管理部门对仓库使用部门的消防管理工作实施监督管理。

**第四条**　本规定适用于卷烟物流中心的各类仓库。

## 第二章　组织管理

**第五条**　物流中心主任是防火安全工作的第一责任人，对防火安全工作负全面领导责任，全面负责消防安全管理工作。

**第六条**　仓库使用部门是库房消防安全管理的责任主体部门，部门负责人是第一责任人，领导、管理库房的消防安全工作，应至少配备专职或兼职防火管理人员一人负责落实消防安全具体工作，受安全生产监督管理部门的指导、监督、考核。

**第七条**　卷烟物流中心必须建立义务消防队，义务消防队员应占职工总数的20%以上，百人以下的卷烟中转站不少于职工总数的50%；卷烟仓库贮存物资价值在一亿元以上的、距离当地公安消防队（站）较远的企业应建立专职消防队，队员不少于 18 人。

**第八条** 卷烟物流中心应当制定系统完善的安全管理制度，包含以下内容：

1. 安全工作会议制度；

2. 安全教育制度；

3. 火源管理制度；

4. 电源管理制度；

5. 消防设施、器材装备维修管理制度；

6. 库房安全管理制度；

7. 卷烟仓库火源、火种收缴制度；

8. 隐患整改制度；

9. 检查评比和奖惩制度；

10. 外来施工单位安全管理制度。

**第九条** 卷烟物流中心应当明确部门及人员的消防职责：

1. 单位主管领导防火管理职责；

2. 单位分管领导防火管理职责；

3. 安全监督管理部门防火管理职责；

4. 专（兼）职防火管理人员职责；

5. 专职（或义务）消防队职责；

6. 卷烟仓库负责人防火管理职责；

7. 卷烟仓库保管员防火安全职责；

8. 特殊岗位工作人员防火安全职责。

**第十条** 库房使用管理部门应当把防火安全教育纳入到职工教育计划，做到内容、人员、时间三落实。对新上岗的各类人员实行三级教育，有针对性地进行专项防火教育和岗位培训。经考核合格后，方准上岗作业。

## 第三章 防火检查

**第十一条** 物流中心每月进行一次全面防火安全检查；各部门对防火责任区每周应不少于一次防火安全检查；各岗位每天班前和班后应当对所属防火责任区进行防火安全检查。

**第十二条** 卷烟仓库应当配备足够的警卫力量，严格值班、检查、巡逻，严格执行库区火源、火种收缴制度，落实防范措施。

**第十三条** 检查发现的火险隐患，安全监督管理部门应逐条登记存档，并填写隐患整改通知书，被检单位或部门应当认真整改。

**第十四条** 一般火险隐患和重大火险隐患整改率应分别达到90%和100%。火险隐患整改要落实计划、落实资金、落实负责人，并规定整改时限。

## 第四章 建筑防火

**第十五条** 新建、扩建、改建厂房和仓库等工程时，其防火设计应当符合国家《建筑设计防火规范》等技术法规的规定，报公安消防监督机构审核。工程竣工后，主管部门应会同公安消防监督机构对消防工程进行验收。

**第十六条** 卷烟物流仓库内不得搭建临时建筑，如因生产、储存确需搭建时，应当经当地公安消防监督机构审批。

**第十七条** 卷烟物流仓库内部装修应采用不燃或阻燃材料，库房内的吊顶、隔墙不准采用可燃材料。

**第十八条** 消防通道、疏散楼梯、电梯间内禁止堆放物品，安全出口必须保持畅通。

**第十九条** 物流中心主要交通通道宽度不小于8米，一般交通通道不小于 4 米，道路上空的架栈桥等障碍物，其净高不应低于 4 米，不得在道路上堆放物品、停放车辆、搭建建筑物，必须保证消防交通道路畅通。

**第二十条** 库房内卷烟及物资堆放要整齐，并分类、分垛储存。

1. 传统卷烟仓库卷烟堆放每垛占地面积不宜大于 100 平方米，垛与垛间距不小于 1 米，垛与梁、柱的间距不小于 0.3 米，垛与墙间距不小于 0.5 米。垛与电器设备间距不小于 1 米，主要通道宽度不小于 2 米。每个卷烟堆垛垛高不得超过 8 件。

2. 自动化立体仓库货架上只能堆放卷烟，不得与其他烟用物资混堆，货架与墙及电器设备间距不小于 1 米。

**第二十一条** 卷烟仓库防火标志要醒目。占地面积超过 500 平方米或总建筑面积超过 1000 平方米的库房应设火灾自动报警装置。卷烟仓库应保障与公安消防队通讯畅通。

## 第五章　电源管理

**第二十二条** 卷烟分拣场所、库房内严禁乱拉、乱接电源线路，不得随意增设电器设备，高、低压线不得架设在同一根电线杆上。

**第二十三条** 卷烟分拣场所、库房内敷设的配电线路，应穿金属管或用非燃硬塑料管保护，严禁在堆垛上方架设电源线路，严禁在库房闷顶内敷设配电线路；电器设备应保持清洁，配备箱（板）不得有积尘，立式配电柜周围一米内不准堆放物品，应保持干燥并挂牌专人管理。各电气设备的导线、接点、开关不得有断线、老化、裸露、破损。禁止使用不合格的保险装置，电气设施严禁超负荷运行。

第二十四条 卷烟分拣场所、库房不得使用碘钨灯和超过60W 以上白炽灯等高温照明灯具；照明灯具应加装防护玻璃罩，不准用可燃材料做灯罩；当使用日光灯等低温照明灯具和其他防燃型照明灯具时，应当对镇流器采取隔热、散热等防火保护措施；照明设备悬挂应当牢固，线路和照明灯具垂直下方与储存物品水平间距不应小于 0.5 米，做到人走灯灭；库房内未经批准禁止使用移动式照明灯具；移动式照明灯具应使用 36V 以下安全电压或电池供电灯具。

第二十五条 卷烟分拣场所、仓库的电气装置、电源线路必须符合国家现行的有关电气规范的规定。卷烟分拣电源线路应当安装在架线支架内，与各设备连接的动力线必须采用穿管连接方式；卷烟分拣场所、仓库禁止使用电炉、电烙铁、电熨斗等电热器具和家用电器。

第二十六条 库房内不准架设临时线路。库区的电源应设总闸，并有防潮、防雨等保护措施。

第二十七条 电器设备必须有良好的接零或接地保护装置。仓库电器设备的周围和架空线路下方禁止堆放物品。提升、码垛等机械设备易产生火花的部位，应当设置防护罩。

第二十八条 仓库必须按照国家有关防雷设计安装规范的规定、设置防雷装置，并定期到当地气象部门进行检测，保证其有效。

第二十九条 配、发、变电房内，严禁存放各种油料、酒精等易燃物和堆放其他物品。

第三十条 电器设备必须由持合格证的电工进行安装、检查和维修保养。操作时必须严格遵守各项操作规程。

**第三十一条** 配、发、变电房内严禁明火作业和使用电炉。室内通风要保持良好。

## 第六章 火源管理

**第三十二条** 应将相关制度上墙公告，严禁流动吸烟。应设立专门的吸烟室，吸烟室耐火等级不得低于二级，室内要通风良好。吸烟室周围 30 米内不得存放易燃和可燃物品，吸烟室应有专人管理。

**第三十三条** 卷烟分拣场所、库房内严禁使用明火，特殊原因动用明火作业时，必须遵守下列规定：

（1）临时动火必须向安全生产监督部门申请办理临时动火证，方可动火。并在有防范措施和专人管理的情况下完成动火作业，时间一般不超过 24 小时。

（2）固定动火须经安全生产监督管理部门审核同意，报经企业分管领导批准后，办理固定动火证，同时，库房管理部门还应明确动火人防火职责，采取的安全措施和配备相应灭火器具，安全生产监督管理部门应当经常检查和加强管理。

**第三十四条** 库区严禁存放各种油料、香精、酒类等易燃物。香精、酒类等易燃液体不得与卷烟原辅材料、成品混同储存。

**第三十五条** 进入库区的机动车辆，必须安装防火罩。排气管的一侧不准靠近物品堆垛。在库区作业的电瓶车、铲车、吊车等必须安装防止喷火或打出火花的安全装置，各种机动车辆装卸物品后，不准在库区、库房、货场内停放、修理和加油。

**第三十六条** 仓库周围 100 米内禁止燃放烟花、爆竹。露天堆场周围的杂草等可燃物应经常进行清除。

## 第七章　消防设施和器材管理

**第三十七条**　应按国家《建筑灭火器配置设计规范》及有关规定设置消防设施和配备消防器材。消防供水不足的库区必须修建消防池、水井或水塔，确保消防用水。

**第三十八条**　消火栓应有明显的标志，室外消火栓周围 20 米内不准堆放物资和停放车辆。

**第三十九条**　各种消防器材要分布合理，摆放在便于取用，通风良好的地方。室外消防器材应摆放在防雨、防晒的箱、架、柜内，严禁与油类、酸、碱等有腐蚀性的化学物品接触。

**第四十条**　消防装备、器材应指定专人管理、维护保养和更换并挂牌管理，任何人不准挪作他用，确保完好能用。在寒冷季节，应适当对消防设施、设备器材采取防冻措施。

**第四十一条**　消防器材维修、更换、添置经费，应优先给予保证。库房管理部门每年应根据消防设施、装置、器材使用情况和火灾隐患整改需要编制预算，报物流中心审批，安全生产监督管理部门应认真审核，提高预算的有效性，保证按消防设施能运转，配置逐步到位。消防经费不得擅自挪用。

## 第八章　附　则

**第四十二条**　本规定未作明确的，按照国家现行的有关法律、法规等有关规定执行。

**第四十三条**　本规定自发布之日起施行。

# 人员密集场所消防安全管理

## 人员密集场所消防安全管理

### （国家标准 GA654—2006）

### 前　言

本标准的 4.4—4.7、5.1.2、7.1、7.5.2、7.7、7.10、8.1.1、8.1.3、8.2.2、8.3、8.4.1、8.4.3—8.4.5、8.5、8.6.1、8.8、10.1—10.4 为强制性条文，其余为推荐性条文。

本标准由公安部消防局提出。

本标准由全国消防标准化委员会第九分技术委员会（SAC/TC113/SC9）归口。

本标准起草单位：公安部消防局一处、公安部天津消防研究所。

本标准主要起草人：（略）

# 引 言

近年来，人员密集场所群死群伤火灾事故时有发生，给人民生命财产造成了严重损失。为切实吸取教训，规范这类场所的消防安全管理，遏制群死群伤火灾事故的发生，依据《中华人民共和国消防法》等相关法律法规，本标准在研究、分析人员密集场所及其火灾特点的基础上，提出了相应的消防安全管理要求和措施，用以引导和规范此类场所的消防安全管理工作，提高其消防安全管理水平。

人员密集场所可以通过采用本标准，规范自身消防安全管理行为，建立消防安全自查，火灾隐患自除，消防责任自负的自我管理与约束机制，达到防止火灾发生、减少火灾危害，保障人身和财产安全的目的。

本标准是在调查研究、总结实践经验，参考和吸收国内外有关资料，并广泛征求多方意见的基础上制定的。

1 范围

本标准提出了人员密集场所使用和管理单位的消防安全管理要求和措施。

本标准适用于各类人员密集场所及其所在建筑的消防安全管理。

2 规范性引用文件

下列文件中的条款通过本标准的引用而成为本标准的条款。凡是注日期的引用文件，其随后所有的修改单（不包括勘误的内容）或修订版均不适用于本标准，然而，鼓励根据本标准达成协议的各方研究是否可使用这些文件的最新版本。凡是不注日期的引用文件，其最新版本适用于本标准。

GB/T5907 消防基本术语 第一部分

GB/T14107 消防基本术语 第二部分

GB50045 高层民用建筑设计防火规范

GB50084 自动喷水灭火系统设计规范

GB50098 人民防空工程设计防火规范

GB50116 火灾自动报警系统设计规范

GB50140 建筑灭火器配置设计规范

GB50222 建筑内部装修设计防火规范

GBJ16 建筑设计防火规范

JGJ48 商店建筑设计规范

GA503 建筑消防设施检测技术规程

GA587 建筑消防设施的维护管理

3 术语和定义

GB/T5907、GB/T14107、GB50045、GB50084、GB50098、GB50116、GB50140、GB50222、GBJ16、JGJ48、GA503、GA587 确立的以及下列术语和定义适用于本标准。

3.1 公共娱乐场所 public entertainment occupancies

具有文化娱乐、健身休闲功能并向公众开放的室内场所。包括影剧院、录像厅、礼堂等演出、放映场所，舞厅、卡拉 OK 厅等歌舞娱乐场所，具有娱乐功能的夜总会、音乐茶座、酒吧和餐饮场所，游艺、游乐场所，保龄球馆、旱冰场、桑拿等娱乐、健身、休闲场所和互联网上网服务营业场所。

3.2 人员密集场所 assembly occupancies

人员聚集的室内场所。如：宾馆、饭店等旅馆，餐饮场所，商场、市场、超市等商店，体育场馆，公共展览馆、博物馆的展览厅，金融证券交易场所，公共娱乐场所，医院的门诊楼、病房楼、老年人建筑、托儿所、幼儿园，学校的教学楼、图书馆和集体宿舍，公共图书馆的阅览室，客运车站、码头、民用机场的候车、候船、候机厅（楼），人员密集的生产加工车间、员工集体宿舍等。

3.3 举高消防车作业场地 operating areas for ladder trucks

靠近建筑，供举高消防车停泊、实施灭火救援的操作场地。

3.4 专职消防队 private fire brigade

由专职灭火的人员组成，有固定消防站用房，配备消防车辆、装备、通讯器材，定期组织消防训练，能够每日 24h 备勤的消防组织。

3.5 志愿消防队 volunteer firebrigade

主要由志愿人员组成，有固定消防站用房，配备消防车辆、装备、通讯器材的消防组织。志愿人员有自己的主要职业、平时不在消防站备勤，能在接到火警出动信息后迅速集结，参加灭火救援。

3.6 义务消防队 dedicated crew

由本场所从业人员组成，平时开展防火宣传和检查，定期接受消防训练；发生火灾时能够实施灭火和应急疏散预案，扑救初期火灾、组织疏散人员，引导消防队到现场，协助保护火灾现场的消防组织。

3.7 火灾隐患 fire potential

可能导致火灾发生或火灾危害增大的各类潜在不安全因素。

3.8 重大火灾隐患 major fire potential

违反消防法律法规，可能导致火灾发生或火灾危害增大，并由此可能造成特大火灾事故后果和严重社会影响的各类潜在不安全因素。

4 总则

4.1 人员密集场所的消防安全管理应以通过有效的消防安全管理，提高其预防和控制火灾的能力，进而防止火灾发生，减少火灾危害，保证人身和财产安全为目标。

4.2 人员密集场所的消防安全管理应遵守消防法律、法规、规章（以下统称消防法规），贯彻"预防为主、防消结合"的消防工作方针，履行消防安全职责，制定消防安全制度、操作规程，提高自防自救能力，保障消防安全。

4.3 人员密集场所宜采用先进的消防技术、产品和方法，建立完善的消防安全管理体系和机制，定期开展消防安全评估，保障建筑具备经济合理的消防安全条件。

4.4 人员密集场所应落实逐级和岗位消防安全责任制，明确逐级和岗位消防安全职责，确定各级、各岗位的消防安全责任人。

4.5 实行承包、租赁或者委托经营、管理时，人员密集场所产权单位应提供符合消防安全要求的建筑物，当事人在订立相关租赁合同时，应依照有关规定明确各方的消防安全责任。

4.6 消防车通道、涉及公共消防安全的疏散设施和其他建筑消防设施应由人员密集场所产权单位或者委托管理的单位统一管理。承包、承租或者受委托经营、管理的单位应在其使用、管理范围内履行消防安全职责。

4.7 对于有两个或两个以上产权单位和使用单位的人员密集场所，除依法履行自身消防管理职责外，对消防车通道、涉及公共消防安全的疏散设施和其他建筑消防设施应明确统一管理的责任单位。

5  消防安全责任和职责

5.1  通则

5.1.1  人员密集场所的消防安全责任人应由该场所的法定代表人或者主要负责人担任。消防安全责任人可以根据需要确定本场所的消防安全管理人。承包、租赁场所的承租人是其承包、租赁范围的消防安全责任人，各部门负责人是部门消防安全责任人。

5.1.2  消防安全管理人、消防控制室值班员和消防设施操作维护人员应经过消防职业培训，持证上岗。保安人员应掌握防火和灭火的基本技能。电气焊工、电工、易燃易爆化学物品操作人员应熟悉本工种操作过程的火灾危险性，掌握消防基本知识和防火、灭火基本技能。

5.1.3  志愿和义务消防队员应掌握消防安全知识和灭火的基本技能，定期开展消防训练，火灾时应履行扑救火灾和引导人员疏散的义务。

5.2  人员密集场所产权单位、使用单位或委托管理单位的职责

5.2.1  落实消防安全责任，明确本场所的消防安全责任人和逐级消防负责人。

5.2.2  制定消防安全管理制度和保证消防安全的操作规程。

5.2.3  开展消防法规和防火安全知识的宣传教育，对从业人员进行消防安全教育和培训。

5.2.4  定期开展防火巡查、检查，及时消除火灾隐患。

5.2.5 保障疏散通道、安全出口、消防车通道畅通。

5.2.6 确定各类消防设施的操作维护人员，保障消防设施、器材以及消防安全标志完好有效，处于正常运行状态。

5.2.7 组织扑救初期火灾，疏散人员，维持火场秩序，保护火灾现场，协助火灾调查。

5.2.8 确定消防安全重点部位和相应的消防安全管理措施。

5.2.9 制定灭火和应急疏散预案，定期组织消防演练。

5.2.10 建立防火档案。

5.3 消防安全责任人职责

5.3.1 贯彻执行消防法规，保障人员密集场所消防安全符合规定，掌握本场所的消防安全情况，全面负责本场所的消防安全工作。

5.3.2 统筹安排生产、经营、科研等活动中的消防安全管理工作，批准实施年度消防工作计划。

5.3.3 为消防安全管理提供必要的经费和组织保障。

5.3.4 确定逐级消防安全责任，批准实施消防安全管理制度和保障消防安全的操作规程。

5.3.5 组织防火检查，督促整改火灾隐患，及时处理涉及消防安全的重大问题。

5.3.6 根据消防法规的规定建立专职消防队、志愿消防队或义务消防队，并配备相应的消防器材和装备。

5.3.7 针对本场所的实际情况组织制定灭火和应急疏散预案，并实施演练。

5.4 消防安全管理人职责

5.4.1 拟订年度消防安全工作计划，组织实施日常消防安全管理工作。

5.4.2 组织制订消防安全管理制度和保障消防安全的操作规程，并检查督促落实。

5.4.3 拟订消防安全工作的资金预算和组织保障方案。

5.4.4 组织实施防火检查和火灾隐患整改。

5.4.5 组织实施对本场所消防设施、灭火器材和消防安全标志的维护保养，确保其完好有效和处于正常运行状态，确保疏散通道和安全出口畅通。

5.4.6 组织管理专职消防队、志愿消防队或义务消防队，开展日常业务训练。

5.4.7 组织从业人员开展消防知识、技能的教育和培训，组织灭火和应急疏散预案的实施和演练。

5.4.8 定期向消防安全责任人报告消防安全情况，及时报告涉及消防安全的重大问题。

5.4.9 消防安全责任人委托的其他消防安全管理工作。

5.5 部门消防安全责任人职责

5.5.1 组织实施本部门的消防安全管理工作计划。

5.5.2 根据本部门的实际情况开展消防安全教育与培训，制订消防安全管理制度，落实消防安全措施。

5.5.3 按照规定实施消防安全巡查和定期检查，管理消防安全重点部位，维护管辖范围的消防设施。

5.5.4 及时发现和消除火灾隐患，不能消除的，应采取相应措施并及时向消防安全管理人报告。

5.5.5 发现火灾，及时报警，并组织人员疏散和初期火灾扑救。

5.6  消防控制室值班员职责

5.6.1  熟悉和掌握消防控制室设备的功能及操作规程，按照规定测试自动消防设施的功能，保障消防控制室设备的正常运行。

5.6.2  对火警信号应立即确认，火灾确认后应立即报火警并向消防主管人员报告，随即启动灭火和应急疏散预案。

5.6.3  对故障报警信号应及时确认，消防设施故障应及时排除，不能排除的应立即向部门主管人员或消防安全管理人报告。

5.6.4  不间断值守岗位，做好消防控制室的火警、故障和值班记录。

5.7  消防设施操作维护人员职责

5.7.1  熟悉和掌握消防设施的功能和操作规程。

5.7.2  按照管理制度和操作规程等对消防设施进行检查、维护和保养，保证消防设施和消防电源处于正常运行状态，确保有关阀门处于正确位置。

5.7.3  发现故障应及时排除，不能排除的应及时向上级主管人员报告。

5.7.4  做好运行、操作和故障记录。

5.8  保安人员职责

5.8.1  按照本单位的管理规定进行防火巡查，并做好记录，发现问题应及时报告。

5.8.2  发现火灾应及时报火警并报告主管人员，实施灭火和应急疏散预案，协助灭火救援。

5.8.3  劝阻和制止违反消防法规和消防安全管理制度的行为。

5.9 电气焊工、电工、易燃易爆化学物品操作人员职责

5.9.1 执行有关消防安全制度和操作规程，履行审批手续。

5.9.2 落实相应作业现场的消防安全措施，保障消防安全。

5.9.3 发生火灾后应立即报火警，实施扑救。

6 消防组织

6.1 消防安全职责部门、专职消防队、志愿消防队和义务消防队等应履行相应的职责。

6.2 消防安全职责部门应由消防安全责任人或消防安全管理人指定，负责管理本场所的日常消防安全工作，督促落实消防工作计划，消除火灾隐患。

6.3 人员密集场所可以根据需要建立专职消防队或志愿消防队。

6.4 人员密集场所应组建义务消防队，义务消防队员的数量不应少于本场所从业人员数量的30%。

7 消防安全制度和管理

7.1 通则

7.1.1 人员密集场所使用、开业前依法应向公安消防机构申报的，或改建、扩建、装修和改变用途依法应报经公安消防机构审批的，应事先向当地公安消防机构申报，办理行政审批手续。

7.1.2 建筑四周不得搭建违章建筑，不得占用防火间距、消防通道、举高消防车作业场地，不得设置影响消防扑救或遮挡排烟窗（口）的架空管线、广告牌等障碍物。

7.1.3 人员密集场所不应与甲、乙类厂房、仓库组合布置及贴邻布置；除人员密集的生产加工车间外，人员密集场所不

应与丙、丁、戊类厂房、仓库组合布置；人员密集的生产加工车间不宜布置在丙、丁、戊类厂房、仓库的上部。

7.1.4　人员密集场所不应擅自改变防火分区和消防设施、降低装修材料的燃烧性能等级。建筑内部装修不应改变疏散门的开启方向，减少安全出口、疏散出口的数量及其净宽度，影响安全疏散畅通。

7.1.5　设有生产车间、仓库的建筑内，严禁设置员工集体宿舍。

7.2　消防安全例会

7.2.1　人员密集场所应建立消防安全例会制度，处理涉及消防安全的重大问题，研究、部署、落实本场所的消防安全工作计划和措施。

7.2.2　消防安全例会应由消防安全责任人主持，有关人员参加，每月不宜少于一次。消防安全例会应由消防安全管理人提出议程，并应形成会议纪要或决议。

7.3　防火巡查、检查

7.3.1　人员密集场所应建立防火巡查和防火检查制度，确定巡查和检查的人员、内容、部位和频次。

7.3.2　防火巡查和检查时应填写巡查和检查记录，巡查和检查人员及其主管人员应在记录上签名。巡查、检查中应及时纠正违法违章行为，消除火灾隐患，无法整改的应立即报告，并记录存档。

7.3.3　防火巡查时发现火灾应立即报火警并实施扑救。

7.3.4　人员密集场所应进行每日防火巡查，并结合实际组织夜间防火巡查。

旅馆、商店、公共娱乐场所在营业时间应至少每 2h 巡查一次，营业结束后应检查并消除遗留火种。

医院、养老院及寄宿制的学校、托儿所和幼儿园应组织每日夜间防火巡查，且不应少于 2 次。

7.3.5　防火巡查应包括下列内容：

7.3.5.1.1　用火、用电有无违章情况；

7.3.5.1.2　安全出口、疏散通道是否畅通，有无锁闭；安全疏散指示标志、应急照明是否完好；

7.3.5.1.3　常闭式防火门是否处于关闭状态，防火卷帘下是否堆放物品；

7.3.5.1.4　消防设施、器材是否在位、完整有效。消防安全标志是否完好清晰；

7.3.5.1.5　消防安全重点部位的人员在岗情况；

7.3.5.1.6　其他消防安全情况。

7.3.6　防火检查应定期开展，各岗位应每天一次，各部门应每周一次，单位应每月一次。

A.1.1.1.1　对建筑消防设施检查，应执行 GA503 和 GA587 的相关规定。

7.3.7　防火检查应包括下列内容：

7.3.7.1.1　消防车通道、消防水源；

7.3.7.1.2　安全疏散通道、楼梯，安全出口及其疏散指示标志、应急照明；

7.3.7.1.3　消防安全标志的设置情况；

7.3.7.1.4　灭火器材配置及其完好情况；

7.3.7.1.5　建筑消防设施运行情况；

7.3.7.1.6 消防控制室值班情况、消防控制设备运行情况及相关记录；

7.3.7.1.7 用火、用电有无违章情况；

7.3.7.1.8 消防安全重点部位的管理；

7.3.7.1.9 防火巡查落实情况及其记录；

7.3.7.1.10 火灾隐患的整改以及防范措施的落实情况；

7.3.7.1.11 易燃易爆危险物品场所防火、防爆和防雷措施的落实情况；

7.3.7.1.12 楼板、防火墙和竖井孔洞等重点防火分隔部位的封堵情况；

7.3.7.1.13 消防安全重点部位人员及其他员工消防知识的掌握情况。

7.4 消防宣传与培训

7.4.1 人员密集场所应通过多种形式开展经常性的消防安全宣传与培训。

7.4.2 对公众开放的人员密集场所应通过张贴图画、消防刊物、视频、网络、举办消防文化活动等形式对公众宣传防火、灭火和应急逃生等常识。

7.4.3 学校、幼儿园和托儿所应对学生、儿童进行消防知识的普及和启蒙教育，组织参观当地消防站、消防博物馆，参加消防夏令营等活动。

7.4.4 人员密集场所应至少每半年组织一次对从业人员的集中消防培训。

7.4.5 应对新上岗员工或有关从业人员进行上岗前的消防培训。

7.4.6 消防培训应包括下列内容：

7.4.6.1 有关消防法规、消防安全管理制度、保证消防安全的操作规程等；

7.4.6.2 本单位、本岗位的火灾危险性和防火措施；

7.4.6.3 建筑消防设施、灭火器材的性能、使用方法和操作规程；

7.4.6.4 报火警、扑救初起火灾、应急疏散和自救逃生的知识、技能；

7.4.6.5 本场所的安全疏散路线，引导人员疏散的程序和方法等；

7.4.6.6 灭火和应急疏散预案的内容、操作程序。

7.5 安全疏散设施管理

7.5.1 安全疏散设施管理制度的内容应明确消防安全疏散设施管理的责任部门和责任人，定期维护、检查的要求，确保安全疏散设施的管理要求。

7.5.2 安全疏散设施管理应符合下列要求：

7.5.2.1 确保疏散通道、安全出口的畅通，禁止占用、堵塞疏散通道和楼梯间；

7.5.2.2 人员密集场所在使用和营业期间疏散出口、安全出口的门不应锁闭；

7.5.2.3 封闭楼梯间、防烟楼梯间的门应完好，门上应有正确启闭状态的标识，保证其正常使用；

7.5.2.4 常闭式防火门应经常保持关闭；

7.5.2.5 需要经常保持开启状态的防火门，应保证其火灾时能自动关闭；自动和手动关闭的装置应完好有效；

7.5.2.6 平时需要控制人员出入或设有门禁系统的疏散门，应有保证火灾时人员疏散畅通的可靠措施；

7.5.2.7 安全出口、疏散门不得设置门槛和其他影响疏散的障碍物，且在其1.4m范围内不应设置台阶；

7.5.2.8 消防应急照明、安全疏散指示标志应完好、有效，发生损坏时应及时维修、更换；

7.5.2.9 消防安全标志应完好、清晰，不应遮挡；

7.5.2.10 安全出口、公共疏散走道上不应安装栅栏、卷帘门；

7.5.2.11 窗口、阳台等部位不应设置影响逃生和灭火救援的栅栏；

7.5.2.12 在旅馆、餐饮场所、商店、医院、公共娱乐场等各楼层的明显位置应设置安全疏散指示图，指示图上应标明疏散路线、安全出口、人员所在位置和必要的文字说明；

7.5.2.13 举办展览、展销、演出等大型群众性活动，应事先根据场所的疏散能力核定容纳人数。活动期间应对人数进行控制，采取防止超员的措施。

7.6 消防设施管理

7.6.1 人员密集场所应建立消防设施管理制度，其内容应明确消防设施管理的责任部门和责任人，消防设施的检查内容和要求，消防设施定期维护保养的要求。

7.6.2 消防设施管理应符合下列要求：

7.6.2.1 消火栓应有明显标识；

7.6.2.2 室内消火栓箱不应上锁，箱内设备应齐全、完好；

7.6.2.3 室外消火栓不应埋压、圈占；距室外消火栓、水泵接合器 2.0m 范围内不得设置影响其正常使用的障碍物；

7.6.2.4 展品、商品、货柜，广告箱牌，生产设备等的设置不得影响防火门、防火卷帘、室内消火栓、灭火剂喷头、机械排烟口和送风口、自然排烟窗、火灾探测器、手动火灾报警按钮、声光报警装置等消防设施的正常使用；

7.6.2.5 应确保消防设施和消防电源始终处于正常运行状态；需要维修时，应采取相应的措施，维修完成后，应立即恢复到正常运行状态；

7.6.2.6 按照消防设施管理制度和相关标准定期检查、检测消防设施，并做好记录，存档备查；

7.6.2.7 自动消防设施应按照有关规定，每年委托具有相关资质的单位进行全面检查测试，并出具检测报告，送当地公安消防机构备案。

7.6.3 消防控制室管理应明确值班人员的职责，应制订每日 24h 值班制度和交接班的程序与要求以及设备自检、巡检的程序与要求。

7.6.4 消防控制值班室内不得堆放杂物，应保证其环境满足设备正常运行的要求；应具备消防设施平面布置图、完整的消防设施设计、施工和验收资料、灭火和应急疏散预案等。

7.6.5 消防控制室值班记录应完整，字迹清晰，保存完好。

7.7 火灾隐患整改

7.7.1 因违反或不符合消防法规而导致的各类潜在不安全因素，应认定为火灾隐患。

7.7.2 发现火灾隐患应立即改正，不能立即改正的，应报告上级主管人员。

7.7.3 消防安全管理人或部门消防安全责任人应组织对报告的火灾隐患进行认定，并对整改完毕的进行确认。

7.7.4 明确火灾隐患整改责任部门、责任人、整改的期限和所需经费来源。

7.7.5 在火灾隐患整改期间，应采取相应措施，保障安全。

7.7.6 对公安消防机构责令限期改正的火灾隐患和重大火灾隐患，应在规定的期限内改正，并将火灾隐患整改复函送达公安消防机构。

7.7.7 重大火灾隐患不能立即整改的，应自行将危险部位停产停业整改。

7.7.8 对于涉及城市规划布局而不能自身解决的重大火灾隐患，应提出解决方案并及时向其上级主管部门或当地人民政府报告。

7.8 用电防火安全管理

7.8.1 人员密集场所应建立用电防火安全管理制度，并应明确下列内容：

7.8.1.1 明确用电防火安全管理的责任部门和责任人；

7.8.1.2 电气设备的采购要求；

7.8.1.3 电气设备的安全使用要求；

7.8.1.4 电气设备的检查内容和要求；

7.8.1.5 电气设备操作人员的岗位资格及其职责要求。

7.8.2 用电防火安全管理应符合下列要求：

7.8.2.1 采购电气、电热设备，应选用合格产品，并应符合有关安全标准的要求；

7.8.2.2 电气线路敷设、电气设备安装和维修应由具备职业资格的电工操作；

7.8.2.3 不得随意乱接电线，擅自增加用电设备；

7.8.2.4 电器设备周围应与可燃物保持 0.5m 以上的间距；

7.8.2.5 对电气线路、设备应定期检查、检测，严禁长时间超负荷运行；

7.8.2.6 商店、餐饮场所、公共娱乐场所营业结束时，应切断营业场所的非必要电源。

7.9 用火、动火安全管理

7.9.1 人员密集场所应建立用火、动火安全管理制度，并应明确用火、动火管理的责任部门和责任人，用火、动火的审批范围、程序和要求以及电气焊工的岗位资格及其职责要求等内容。

7.9.2 用火、动火安全管理应符合下列要求：

7.9.2.1 需要动火施工的区域与使用、营业区之间应进行防火分隔；

7.9.2.2 电气焊等明火作业前，实施动火的部门和人员应按照制度规定办理动火审批手续，清除易燃可燃物，配置灭火器材，落实现场监护人和安全措施，在确认无火灾、爆炸危险后方可动火施工；

7.9.2.3 商店、公共娱乐场所禁止在营业时间进行动火施工；

7.9.2.4 演出、放映场所需要使用明火效果时，应落实相关的防火措施；

7.9.2.5 人员密集场所不应使用明火照明或取暖，如特殊情况需要时应有专人看护；

7.9.2.6 炉火、烟道等取暖设施与可燃物之间应采取防火隔热措施；

7.9.2.7 旅馆、餐饮场所、医院、学校等厨房的烟道应至少每季度清洗一次；

7.9.2.8 厨房燃油、燃气管道应经常检查、检测和保养。

7.10 易燃易爆化学物品管理

7.10.1 应明确易燃易爆化学物品管理的责任部门和责任人。

7.10.2 人员密集场所严禁生产、储存易燃易爆化学物品。

7.10.3 人员密集场所需要使用易燃易爆化学物品时，应根据需要限量使用，存储量不应超过一天的使用量，且应由专人管理、登记。

7.11 消防安全重点部位管理

7.11.1 人员集中的厅（室）以及储油间、变配电室、锅炉房、厨房、空调机房、资料库、可燃物品仓库、化学实验室等应确定为消防安全重点部位，并明确消防安全管理的责任部门和责任人。

7.11.2 应根据实际需要配备相应的灭火器材、装备和个人防护器材。

7.11.3 应制定和完善事故应急处置操作程序。

7.11.4 应列入防火巡查范围，作为定期检查的重点。

7.12 消防档案

7.12.1 应建立消防档案管理制度，其内容应明确消防档案管理的责任部门和责任人，消防档案的制作、使用、更新及销毁的要求。

7.12.2 消防档案管理应符合下列要求：

7.12.2.1 按照有关规定建立纸质消防档案，并宜同时建立电子档案；

7.12.2.2 消防档案应包括消防安全基本情况、消防安全管理情况、灭火和应急疏散预案；

7.12.2.3 消防档案内容应详实，全面反映消防工作的基本情况，并附有必要的图纸、图表；

7.12.2.4 消防档案应由专人统一管理，按档案管理要求装订成册。

7.12.3 消防安全基本情况应包括下列内容：

7.12.3.1 基本概况和消防安全重点部位情况；

7.12.3.2 所在建筑消防设计审核、消防验收以及场所使用或者开业前消防安全检查的许可文件和相关资料；

7.12.3.3 消防组织和各级消防安全责任人；

7.12.3.4 消防安全管理制度和保证消防安全的操作规程；

7.12.3.5 消防设施、灭火器材配置情况；

7.12.3.6 专职消防队、志愿消防队、义务消防队人员及其消防装备配备情况；

7.12.3.7 消防安全管理人、自动消防设施操作人员、电气焊工、电工、易燃易爆化学物品操作人员的基本情况；

7.12.3.8 新增消防产品、防火材料的合格证明材料。

7.12.4 消防安全管理情况应包括下列内容：

7.12.4.1 消防安全例会纪要或决定；

7.12.4.2 公安消防机构填发的各种法律文书；

7.12.4.3 消防设施定期检查记录、自动消防设施全面检查

测试的报告以及维修保养记录;

7.12.4.4 火灾隐患、重大火灾隐患及其整改情况记录;

7.12.4.5 防火检查、巡查记录;

7.12.4.6 有关燃气、电气设备检测等记录资料;

7.12.4.7 消防安全培训记录;

7.12.4.8 灭火和应急疏散预案的演练记录;

7.12.4.9 火灾情况记录;

7.12.4.10 消防奖惩情况记录。

## 8 消防安全措施

### 8.1 通则

8.1.1 设置在多种用途建筑内的人员密集场所,应采用耐火极限不低于 1.0h 的楼板和 2.0h 的隔墙与其他部位隔开,并应满足各自不同工作或使用时间对安全疏散的要求。

8.1.2 设有人员密集场所的建筑内的疏散楼梯宜通至屋面,且宜在屋面设置辅助疏散设施。

8.1.3 营业厅、展览厅等大空间疏散指示标志的布置,应保证其指向最近的疏散出口,并使人员在走道上任何位置都能看见和识别。

8.1.4 防火巡查宜采用电子寻更设备。

8.1.5 设有消防控制室的人员密集场所或其所在建筑,其火灾自动报警和控制系统宜接入城市火灾报警网络监控中心。

8.1.6 除国家标准规定外,其他人员密集场所需要设置自动喷水灭火系统时,可按 GB50084 的规定设置自动喷水灭火局部应用系统或简易自动喷水灭火系统。

8.1.7 除国家标准规定外,其他人员密集场所需要设置火灾自动报警系统时，可设置点式火灾报警设备。

8.1.8 学校、医院、超市、娱乐场所等人员密集场所需要控制人员随意出入的安全出口、疏散门，或设有门禁系统的，应保证火灾时不需使用钥匙等任何工具即能易于从内部打开，并应在显著位置设置"紧急出口"标识和使用提示。可以根据实际需要选用以下方法：

A.1.1.1.2 ——设置报警延迟时间不应超过 15s 的安全控制与报警逃生门锁系统。

A.1.1.1.3 ——设置能与火灾自动报警系统联动，且具备远程控制和现场手动开启装置的电磁门锁装置。

A.1.1.1.4 ——设置推闩式外开门。

## 8.2 旅馆

8.2.1 高层旅馆的客房内应配备应急手电筒、防烟面具等逃生器材及使用说明，其他旅馆的客房内宜配备应急手电筒、防烟面具等逃生器材及使用说明。

8.2.2 客房内应设置醒目、耐久的"请勿卧床吸烟"提示牌和楼层安全疏散示意图。

8.2.3 客房层应按照有关建筑火灾逃生器材及配备标准设置辅助疏散、逃生设备，并应有明显的标志。

## 8.3 商店

8.3.1 商店（市场）建筑物之间不应设置连接顶棚，当必须设置时应符合下列要求：

8.3.1.1 消防车通道上部严禁设置连接顶棚；

8.3.1.2 顶棚所连接的建筑总占地面积不应超过 2500m²；

8.3.1.3 顶棚下面不应设置摊位，堆放可燃物；

8.3.1.4 顶棚材料的燃烧性能不应低于 B1 级；

8.3.1.5 顶棚四周应敞开，其高度应高出建筑檐口 1.0m 以上。

8.3.2 商店的仓库应采用耐火极限不低于 3.0h 的隔墙与营业、办公部分分隔，通向营业厅的门应为甲级防火门。

8.3.3 营业厅内的柜台和货架应合理布置，疏散走道设置应符合 JGJ48 的规定，并应符合下列要求：

8.3.3.1 营业厅内的主要疏散走道应直通安全出口；

8.3.3.2 主要疏散走道的净宽度不应小于 3.0m，其他疏散走道净宽度不应小于 2.0m；当一层的营业厅建筑面积小于 500m² 时，主要疏散走道的净宽度可为 2.0m，其他疏散走道净宽度可为 1.5m；

8.3.3.3 疏散走道与营业区之间应在地面上应设置明显的界线标识；

8.3.3.4 营业厅内任何一点至最近安全出口的直线距离不宜大于 30m，且行走距离不应大于 45m。

8.3.4 营业厅内设置的疏散指示标志应符合下列要求：

8.3.4.1 应在疏散走道转弯和交叉部位两侧的墙面、柱面距地面高度 1.0m 以下设置灯光疏散指示标志；确有困难时，可设置在疏散走道上方 2.2m—3.0m 处；疏散指示标志的间距不应大于 20m；

8.3.4.2 灯光疏散指示标志的规格不应小于 0.85m×0.30m，当一层的营业厅建筑面积小于 500m² 时，疏散指示标志的规格不应小于 0.65m×0.25m；

8.3.4.3 疏散走道的地面上应设置视觉连续的蓄光型辅助

疏散指示标志。

8.3.5 营业厅的安全疏散不应穿越仓库。当必须穿越时,应设置疏散走道,并采用耐火极限不低于 2.0h 的隔墙与仓库分隔。

8.3.6 营业厅内食品加工区的明火部位应靠外墙布置,并应采用耐火极限不低于 2.0h 的隔墙与其它部位分隔。敞开式的食品加工区应采用电能加热设施,不应使用液化石油气作燃料。

8.3.7 防火卷帘门两侧各 0.5m 范围内不得堆放物品,并应用黄色标识线划定范围。

8.4 公共娱乐场所

8.4.1 公共娱乐场所的外墙上应在每层设置外窗(含阳台),其间隔不应大于 15.0m;每个外窗的面积不应小于 $1.5m^2$,且其短边不应小于 0.8m,窗口下沿距室内地坪不应大于 1.2m。

8.4.2 使用人数超过 20 人的厅、室内应设置净宽度不小于 1.1m 的疏散走道,活动座椅应采用固定措施。

8.4.3 休息厅、录像放映室、卡拉 OK 室内应设置声音或视像警报,保证在火灾发生初期,将其画面、音响切换到应急广播和应急疏散指示状态。

8.4.4 各种灯具距离周围窗帘、幕布、布景等可燃物不应小于 0.50m。

8.4.5 在营业时间和营业结束后,应指定专人进行消防安全检查,清除烟蒂等火种。

8.5 学校

8.5.1 图书馆、教学楼、实验楼和集体宿舍的公共疏散走道、疏散楼梯间不应设置卷帘门、栅栏等影响安全疏散的设施。

8.5.2 集体宿舍严禁使用蜡烛、电炉等明火；当需要使用炉火采暖时，应设专人负责，夜间应定时进行防火巡查。

8.5.3 每间集体宿舍均应设置用电超载保护装置。

8.5.4 集体宿舍应设置醒目的消防设施、器材、出口等消防安全标志。

8.6 医院的病房楼、托儿所、幼儿园

8.6.1 病房楼内严禁使用液化石油气罐。

8.6.2 托儿所、幼儿园的儿童用房及儿童游乐厅等儿童活动场所不应使用明火取暖、照明，当必须使用时，应采取防火、防护措施，设专人负责；厨房、烧水间应单独设置。

8.7 体育场馆、展览馆、博物馆的展览厅等场所

8.7.1 临时举办活动时，应制定相应消防安全预案，明确消防安全责任人；大型演出或比赛等活动期间，配电房、控制室等部位须有专人值班。

8.7.2 需要搭建临时建筑时，应采用燃烧性能不低于 B1 级的材料。临时建筑与周围建筑的间距不应小于 6.0m。

8.7.3 展厅等场所内的主要疏散走道应直通安全出口，其净宽度不应小于 4.0m，其他疏散走道净宽度不应小于 2.0m。

8.8 人员密集的生产加工车间、员工集体宿舍

8.8.1 生产车间内应保持疏散通道畅通，通向疏散出口的主要疏散走道的净宽度不应小于 2.0m，其他疏散走道净宽度不应小于 1.5m，且走道地面上应划出明显的标示线。

8.8.2 车间内中间仓库的储量不应超过一昼夜的使用量。生产过程中的原料、半成品、成品应集中摆放，机电设备、消

防设施周围 0.5m 的范围内不得堆放可燃物。

8.8.3　生产加工中使用电熨斗等电加热器具时，应固定使用地点，并采取可靠的防火措施。

8.8.4　应按操作规程定时清除电气设备及通风管道上的可燃粉尘、飞絮。

8.8.5　生产加工车间、员工集体宿舍不应擅自拉接电气线路、设置炉灶。

8.8.6　员工集体宿舍隔墙的耐火极限不应低于 1.0h，且应砌至梁、板底。

9　灭火和应急疏散预案编制和演练

9.1　预案

9.1.1　单位应根据人员集中、火灾危险性较大和重点部位的实际情况，制订有针对性的灭火和应急疏散预案。

9.1.2　预案应包括下列内容：

9.1.2.1　明确火灾现场通信联络、灭火、疏散、救护、保卫等任务的负责人。规模较大的人员密集场所应由专门机构负责，组建各职能小组。并明确负责人、组成人员及其职责；

9.1.2.2　火警处置程序；

9.1.2.3　应急疏散的组织程序和措施；

9.1.2.4　扑救初起火灾的程序和措施；

9.1.2.5　通信联络、安全防护和人员救护的组织与调度程序和保障措施。

9.2　组织机构

9.2.1　消防安全责任人或消防安全管理人担负公安消防队到达火灾现场之前的指挥职责，组织开展灭火和应急疏散等工作。规模较大的单位可以成立火灾事故应急指挥机构。

9.2.2 灭火和应急疏散各项职责应由当班的消防安全管理人、部门主管人员、消防控制室值班人员、保安人员、义务消防队承担。规模较大的单位可以成立各职能小组，由消防安全管理人、部门主管人员、消防控制室值班人员、保安人员、义务消防队及其他在岗的从业人员组成。主要职责如下：

A.1.1.1.5 ——通信联络：负责与消防安全责任人和当地公安消防机构之间的通讯和联络；

A.1.1.1.6 ——灭火：发生火灾立即利用消防器材、设施就地进行火灾扑救；

A.1.1.1.7 ——疏散：负责引导人员正确疏散、逃生；

A.1.1.1.8 ——救护：协助抢救、护送受伤人员；

A.1.1.1.9 ——保卫：阻止与场所无关人员进入现场，保护火灾现场，并协助公安消防机构开展火灾调查；

A.1.1.1.10 ——后勤：负责抢险物资、器材器具的供应及后勤保障。

9.3 预案实施程序

当确认发生火灾后，应立即启动灭火和应急疏散预案，并同时开展下列工作：

A.1.1.1.11 ——向公安消防机构报火警；

A.1.1.1.12 ——当班人员执行预案中的相应职责；

A.1.1.1.13 ——组织和引导人员疏散，营救被困人员；

A.1.1.1.14 ——使用消火栓等消防器材、设施扑救初起火灾；

A.1.1.1.15 ——派专人接应消防车辆到达火灾现场；

A.1.1.1.16 ——保护火灾现场，维护现场秩序。

9.4 预案的宣贯和完善

9.4.1 应定期组织员工熟悉灭火和应急疏散预案，并通过预案演练，逐步修改完善。

9.4.2 地铁、高度超过 100m 的多功能建筑等，应根据需要邀请有关专家对灭火和应急疏散预案进行评估、论证。

9.5 消防演练

9.5.1 目的

9.5.1.1 检验各级消防安全责任人、各职能组和有关人员对灭火和应急疏散预案内容、职责的熟悉程度。

9.5.1.2 检验人员安全疏散、初期火灾扑救、消防设施使用等情况。

9.5.1.3 检验本单位在紧急情况下的组织、指挥、通讯、救护等方面的能力。

9.5.1.4 检验灭火应急疏散预案的实用性和可操作性。

9.5.2 组织

9.5.2.1 旅馆、商店、公共娱乐场所应至少每半年组织一次消防演练，其他场所应至少每年组织一次。

9.5.2.2 宜选择人员集中、火灾危险性较大和重点部位作为消防演练的目标，根据实际情况，确定火灾模拟形式。

9.5.2.3 消防演练方案可以报告当地公安消防机构，争取其业务指导。

9.5.2.4 消防演练前，应通知场所内的从业人员和顾客或使用人员积极参与；消防演练时，应在建筑入口等显著位置设置"正在消防演练"的标志牌，进行公告。

9.5.2.5 消防演练应按照灭火和应急疏散预案实施。

9.5.2.6 模拟火灾演练中应落实火源及烟气的控制措施，防止造成人员伤害。

9.5.2.7 地铁、高度超过 100m 的多功能建筑等，应适时与地公安消防队组织联合消防演练。

9.5.2.8 演练结束后，应将消防设施恢复到正常运行状态，做好记录，并及时进行总结。

10 火灾事故处置与善后

10.1 确认火灾发生后，起火单位应立即启动灭火和应急疏散预案，通知建筑内所有人员立即疏散，实施初期火灾扑救，并报火警。

10.2 火灾发生后，受灾单位应保护火灾现场。公安消防机构划定的警戒范围是火灾现场保护范围；尚未划定时，应将火灾过火范围以及与发生火灾有关的部位划定为火灾现场保护范围。

10.3 未经公安消防机构允许，任何人不得擅自进入火灾现场保护范围内，不得擅自移动火场中的任何物品。

10.4 未经公安消防机构同意，任何人不得擅自清理火灾现场。

10.5 有关单位应接受事故调查，如实提供火灾事故情况，查找有关人员，协助火灾调查。

10.6 有关单位应做好火灾伤亡人员及其亲属的安排、善后事宜。

10.7 火灾调查结束后，有关单位应总结火灾事故教训，改进消防安全管理。

# 参考文献

[1]　中华人民共和国消防法

[2]　公安部令第 19 号　集贸市场消防安全管理办法

[3]　公安部令第 30 号　建筑工程消防监督审核管理规定

[4]　公安部令第 39 号　公共娱乐场所消防安全管理规定

[5]　公安部令第 61 号　机关、团体、企业、事业单位消防安全管理规定

[6]　公安部令第 73 号　消防监督检查规定

[7]　GB50028-93　城镇燃气设计规范

[8]　GB50058-92　爆炸和火灾危险环境电力装置设计规范

[9]　GB50084-2001　自动喷水灭火系统设计规范

[10]　GB50166-92　火灾自动报警系统施工及验收规范

[11]　GB50156-2002　汽车加油加气站设计与施工规范

[12]　GB50160-92　石油化工企业设计防火规范

# 医疗卫生机构灾害事故
# 防范和应急处置

## 医疗卫生机构灾害事故防范和
## 应急处置指导意见

卫生部关于印发《医疗卫生机构灾害事故防范和
应急处置指导意见》和《医疗机构基础设施
消防安全规范》的通知

卫办发〔2006〕16号

各省、自治区、直辖市卫生厅局，新疆生产建设兵团
及计划单列市卫生局，部直属单位，部机关各司局：

为进一步做好医疗卫生机构的安全管理，加强卫
生系统安全监督工作，卫生部制定了《医疗卫生机构
灾害事故防范和应急处置指导意见》和《医疗机构基
础设施消防安全规范》。现印发给你们，并就有关事项

通知如下：

一、各级卫生行政部门、各级各类医疗卫生机构要从维护人民群众生命安全、维护正常医疗卫生工作秩序、维护经济社会稳定发展的高度，切实加强安全管理工作。各单位主要负责人作为本单位安全管理的第一责任人，要高度重视和加强灾害事故防范和应急处置工作，明确责任，落实措施，加强检查，常抓不懈。

二、各级卫生行政部门、各级各类医疗卫生机构已经制定灾害事故应急预案的，要根据《医疗卫生机构灾害事故防范和应急处置指导意见》的要求，进一步修改、完善；没有制定灾害事故应急预案的部门和单位，要抓紧组织力量，积极研究制定。

三、医疗机构现有建筑物基础设施不符合安全要求的，要按照属地化管理的原则，在主管部门的监督指导下，抓紧研究制定切实可行的改建改造方案或改进措施，并积极落实，消除安全隐患。

四、本通知自下发之日起执行。

国家卫生和计划生育委员会

二〇〇六年一月六日

为进一步加强卫生系统安全生产监管工作，做好医疗卫生机构的安全管理和灾害事故应急处置工作，保护人民群众的生命和财产安全，根据《中华人民共和国安全生产法》、《中华人民共和国消防法》和《灾害事故医疗救援工作管理办法》，参照《全国救灾防病预案》和《国家突发公共事件医疗卫生救援应急预案》的相关规定，对医疗卫生机构灾害事故的防范和应急处置工作，提出以下指导意见。

一、各级卫生行政部门、各级各类医疗卫生机构要依照国家相关法律法规的要求，设立安全管理机构，配备安全管理人员，并研究制定本部门、本单位应对火灾、地震、长时间停水、停电、水源污染等各类灾害事故的应急预案。

二、各级卫生行政部门、各级各类医疗卫生机构在防范、处置灾害事故中，要坚持预防为主、常备不懈、快速反应、有效处置的工作方针。

三、各级卫生行政部门负责对各级各类医疗卫生机构制定和完善灾害事故应急预案，技术培训和演练，人员疏散、转移、救治方案以及应急处置工作等，进行监督、检查和指导。

四、各级各类医疗卫生机构制定的应急预案，应明确医疗卫生机构灾害事故应急处置组织机构、指挥体系、工作职责，明确人员疏散、报警、指挥程序以及现场抢险程序等事项，做到分工细致、岗位职责明确、责任落实到每一个人。

五、各级卫生行政部门、各级各类医疗卫生机构制定的灾害事故应急预案，应明确规定灾情信息报告时限、报告方式、报告程序、责任报告人等内容。各级卫生行政部门要在第一时间内上报灾情信息，对人员伤亡以及疏散、转移情况等要在接到医疗卫生单位报告后 2 小时内核实上报。

六、医疗卫生机构的全体工作人员在发生灾害事故时均应主动及时到达现场，在现场指挥部统一指挥下投入救灾与抢险救援工作，有组织地开展医疗救护工作。

七、在灾害事故的应急处置中，各级各类医疗卫生机构要把人员的疏散、转移、应急救治作为突出的重点内容，尽最大可能避免和减少人员伤亡。

八、医疗机构在灾害事故应急预案中，要专门制定医院病区（包括急诊、住院）人员疏散、转移方案。方案内容应包括：

（一）灾害事故发生时，病区医务人员应当立即按照本医院应急预案规定的程序报告，并首先组织患者和现场人员疏散和转移。

（二）对于能够自主行动的患者、在他人协助下能够行动的患者、不能自主行动或者由于病情严重不能移动的患者，分别制定有针对性的疏散、转移方案，并采取必要的防护、救护措施。

（三）按照国际通行的伤病员检伤分类方案，对在事故中受伤的人员以及转移出的患者进行检伤分类处置。即按轻、重、危重、死亡分类，分别以"蓝、黄、红、黑"的伤病卡（以5×3厘米的不干胶材料做成）作出标志，置于伤病员的左胸部或其他明显部位，便于医疗救护人员辨认并采取相应的急救措施。

九、各级卫生行政部门、各级各类医疗卫生机构制定的灾害事故应急预案，应明确规定伤病员转送至其他医疗机构的原则、程序、途中救治措施、交接手续等。灾害事故发生地的各级各类医疗机构都有义务接收转送的伤、病人员，并承担医疗救治责任。

十、各级卫生行政部门、各级各类医疗卫生机构要定期对全体人员进行灾害事故应急处置知识、技能培训，并组织灾害事故应急预案模拟演练。

十一、医疗卫生机构新建、扩建及装修改造时，其基础设施及消防设计必须符合国家有关建筑设计、室内设计的防火规范及其他有关防火设计要求，并报当地公安消防机关审批通过后方可施工。施工期间必须严格遵守国家及地方有关工程建设消防工作的要求。工程竣工后，必须经公安消防机关验收合格，方可投入使用。

十二、各级卫生行政部门、各级各类医疗卫生机构要依照国家相关法律法规的要求做好火灾预防和安全保障工作。要确定消防安全的要害部门、部位，保证消防安全标志、设备、设施的齐备和完好，确保紧急疏散通道畅通，并主动邀请安全生产监管、消防、劳动保护、电力、热力和供气主管部门进行安全检查、指导。要在病区配备一定数量的防护面罩、应急照明设备、辅助逃生设施，并向住院患者发放消防安全须知、应急疏散路线图等。

# 医疗机构基础设施消防安全规范

医疗机构基础设施的消防设计必须符合国家有关建筑设计、室内设计的防火规范及其他有关防火设计要求。针对医疗机构基础设施的复杂性、服务对象的特殊性，为有效防范火灾或其他灾害事故的发生，最大限度地预防并减少因事故造成的生命财产损失，对医疗机构基础设施的建设与改造制定以下规范：

一、医疗机构建筑物周围应设环形消防车道。消防车道的宽度以及其距医疗机构建筑物外墙的距离应按国家有关规范执行；尽头式消防车道应设有回车道或回车场；消防车道应保持畅通，不应堵塞通道和设置妨碍登高消防车操作的树木、架空管线等。

二、医疗机构建筑物内应采用防火墙等划分防火分区，每个防火分区允许最大建筑面积按相关规范执行。室内任何一点至最近的安全出口的疏散距离，应满足规范要求。

三、医疗机构建筑物内的病房、门急诊等火灾危险性大、安全性要求高的功能区及用房，应独立划分防火分区或设置相应耐火极限的防火分隔，并设置必要的排烟设施。

四、医疗机构建筑物的病房、门急诊、疏散走道及重要的公共用房等处的建筑装修材料，应按照规范要求采用非燃烧材料或难燃烧材料，并严禁使用燃烧时产生有毒气体及窒息性气体的材料。

五、医疗机构建筑物内应设置独立的消防控制室，并按规范配置相关设施。

六、电缆井、管道井、排烟道、排气道、垃圾道等竖向管道井，应分别独立设置；其井壁应为耐火极限不低于 1 小时的不燃烧体；井壁上的检查门应采用丙级防火门。

七、公共区域及疏散走道内的室内装饰，不得将疏散门及其标志遮蔽或引起混淆。

八、医疗机构建筑物的医疗工作用房、贵重医疗设备室、病历档案室、药品库应按有关规范规定设置应急广播、自动报警装置、自动喷水灭火系统或气体灭火系统。

九、医疗机构建筑物应设火灾事故应急照明及明显的疏散指示标志，其设置标准及范围需符合规范的规定。

十、电力及照明系统应按消防分区进行配置，以便在火灾情况下进行分区控制。

十一、医疗机构高层建筑物必须设置消防电梯。疏散楼梯间应采用封闭楼梯间或防烟楼梯间。

十二、医疗机构建筑物必须设置室内、室外消火栓给水系统。室内消防给水系统应与生活、生产给水系统分开独立设置。

十三、医疗机构建筑物应设排烟设施，可采用机械排烟设施或可开启外窗的自然排烟设施。

十四、医疗机构建筑物的消防控制室、消防水泵、消防电梯、防烟排烟设施、火灾自动报警、自动灭火系统、应急照明、疏散指示标志和电动的防火门、窗、卷帘、阀门等消防用电，应符合国家标准《工业与民用供电系统设计规范》等有关规定。

十五、高压氧舱、锅炉等压力容器及压力管道等相关设施建设与安装应符合《压力容器安全技术监察规程》、《氧气站设计规范》、《锅炉房设计规范》等国家有关规定。

十六、变配电室、医用气体用房等相关设施建设与安装应满足防火及安全等国家有关规定。

十七、放射性医用设备相关设施应符合《辐射防护规定》、《放射卫生防护基本标准》、《放射性同位素与射线装置安全和防护条例》等国家有关规定。

# 附　录

## 医院消防安全管理制度

（本文为参考资料）

### 第一章　总　则

为规范消防安全工作管理流程，明确重要事项与责任目标，保障医院消防安全与运营秩序，制定本制度。

### 第二章　库房消防管理

**第一条**　各级各类库房的消防工作必须由科室领导主抓并负责，专职专人管理，建立昼夜值班巡逻制度，并对新职工进行业务和消防知识的培训，考试合格后方可上岗。

**第二条**　库存物品应分类、分垛储存，垛与垛间距不小于1米，主要通道宽度不小于两米。易相互发生反应的物品必须分间、分库储存，并醒目标明物品名称和灭火方法。

**第三条**　储存易自燃、易分解的物品的库房，必须有良好的通风设备，严格控制温度、湿度不超标准。物品入库应当有专人检查，禁带火种入库。对包装破损的物品应及时进行安全处理。

**第四条**　库房内不得堆放大量纸箱、被褥等易燃物品，不得存放汽油、酒精及化学物品。

**第五条** 库房内不准设办公室或休息室，不许吸烟和使用电炉；库房内电线应穿管，不得使用超过 60 瓦以上的白炽灯，不准设置移动式照明灯具，不准使用火炉取暖。

**第六条** 仓库应当设置明显的防火标志牌，库区内的消防设施必须处于良好状态，灭火器不得挪用。仓库出口严禁堆放物品。

**第七条** 对爆炸物品、剧毒物品、精神麻醉物品要执行双人保管、双本账册、双把门锁、双人领发、双人使用的"五双"制度。

## 第三章 手术室消防管理

**第八条** 手术室的火灾危险性主要与使用易燃易爆的麻醉剂有关，其吸入浓度大都在空气中的爆炸极限范围之内，必须落实安全防火防爆措施。

**第九条** 手术室内应有良好的通风设备，排风不得循环使用。

**第十条** 控制易燃物。操作要谨慎，绝对禁止任何火种。不得使用盆装酒精泡手消毒。易燃药品应随用随领，不得储存。其中氧化亚氮必须与其他可燃品分开存放。

**第十一条** 应有静电消除措施。应采用特制的导电软管，敷设接地的铜板或金属网；用易燃性麻醉药的过程中，禁止使用电灼、电凝器、激光刀；凡需使用心电图、除颤器、内窥镜等带电器械的，各项检查工作均应在手术前做好；手术室内非防爆型开关、插头，应在麻醉前插好，并需等手术完毕、乙醚蒸气排除干净后，方可切断或拔去插头；手术室内禁止使用电炉、酒精灯等明火，电源、动力系统的电源设备绝缘性能必须良好，防止短路产生火花。

## 第四章　氧气站消防管理

**第十二条**　严格按规定使用电源。氧站周围架设高、低压电缆应大于安全距离。

**第十三条**　做好避雷和防静电保护。

**第十四条**　氧站工作区严禁烟火，杜绝明火。严禁将火柴、打火机等火源带进工作区。

**第十五条**　工作人员应熟悉操作规程，熟悉管道、阀门使用方法，并制定应急处理的预案，进行演练。

**第十六条**　按规定进行加氧等操作，加氧时清理四周火源，无关车辆不得进入，确保进出安全。

**第十七条**　做好其他相关人员的防火工作。进入氧站工作区一切人员事先应经过消防安全教育，服从管理。

## 第五章　放射科消防管理地

**第十八条**　X 线机室除了保证安装机器所需的面积外，还必须有足够的余地，做到环境宽敞、通风良好，以保证人员的正常工作和机器的散热。

**第十九条**　中型以上的诊断用 X 线机，应设置一个专用的电源变压器。为保护高压电缆，X 线机用的电缆应敷设于电缆沟内，缆沟应封闭，防止老鼠咬坏电缆。

**第二十条**　X 线机及其设备部件应有良好的接地装置。

**第二十一条**　控制台应置于空气流通、整洁、干燥的场所，切忌潮湿、洒水，并应定期检查和保养。

**第二十二条**　组合机头散热不强，其连续工作时间不可太长，温度高时，可用电风扇帮助散热。

**第二十三条** 高压发生器及机头不应随意打开观察窗口和拧松四周的固定螺丝，以防落入灰尘。

**第二十四条** 在工作中要经常察听高压发生器或机头是否有异常声响，如有"吱吱"或"啪啪"的放电声，应立即停止使用，进行检查维修。

## 第六章 药库、药房、制剂室消防管理

一、药库

**第二十五条** 药库位置应设在医院一角，不得与门诊病房等病员密集的地方毗邻，不得靠近胶片室、手术室、锅炉房等建筑。

**第二十六条** 易燃药品或含有较多易燃品的药品，如酊剂、醑剂等，应分放在不燃材料砌成的药品架中，乙醚应避光储存，室温不超过28℃。

**第二十七条** 在储存乙醚、乙醇、二甲苯等易燃品时应分库或单独存放，并有排通风设备，开关、照明应设在室外，中药库中存放大量中草药时，应定期翻堆、散热，以防自燃。

**第二十八条** 药品储存时，氧化性的药品与乙醇、丙醇、乙醚等易燃药品等不得混放，应分间储藏；苦味酸、叠氮钠、大量的硝酸甘油片剂、亚硝异物酸等药品应单独存放；叠氮钠应储存在沙盘内，高锰酸钾、重铬酸钾、双氧水等氧化剂不得与其他药品混放。

**第二十九条** 含醇量高的酊剂、醑剂等，大包装存量不宜超过2日量。乙醇、乙醚等易燃液体以1日量为宜，乙醇等易燃液体以500毫升瓶装为宜，配方配制高锰酸钾等氧化剂时，不得

用纸袋包装，并不得与其他药品配伍或混放。

二、药房

**第三十条** 化学性质相互抵触或相互作用后有着火或爆炸危险的氧化剂与还原剂、氧化剂与可燃品、苦味酸与金属盐等药品均属配伍禁忌，苦味酸应溶成水溶液配出，不宜将苦味酸结晶直接发出。

**第三十一条** 药房内废弃的纸盒、说明书等可燃物品，应集中放在金属桶中，不得随地乱丢。

三、制剂室

**第三十二条** 制剂使用的乙醇、丙酮等易燃溶剂，应分室储存，远离明火热源；液状石蜡、酊剂、凡士林等应注意保管，与明火及性质相抵触的药物进行隔离。

**第三十三条** 使用火棉胶套封口时，应在排气罩下进行；剥下的零星火棉胶必须放在有盖的搪瓷桶内；废火棉胶应及时处理掉或浸没在水中。

**第三十四条** 配制比例乙醇溶液时，注意不得破碎、外溢，出现意外应立即打开门窗、熄灭明火。

## 第七章 生化检验室消防管理

**第三十五条** 生化检验室不宜设在门诊病人密集的地区，也不宜设在医院主要通道口。

**第三十六条** 试剂橱应放在室内一角，电烘箱、高速离心机应设在另外一角。

**第三十七条** 室内必须通风良好，使有毒、易燃气体、蒸汽能及时排出。

**第三十八条 试剂的储存与保管**

1. 乙醇、甲醇、丙酮、苯等易燃液体应放在试剂橱底层阴凉处；高锰酸钾、重铬酸钾等氧化剂与易燃有机物必须隔离储存，不得混放；乙醚应避光储藏，未用完的不能储存在普通冰箱，以免发生爆炸。

2. 用作防腐剂的叠氮钠有爆炸危险且剧毒，应包装好放在黄沙桶内，专柜保管，平稳防震，双人双锁，苦味酸应先配成溶液后存放，避免触及金属。

3. 试剂标签必须齐全、清楚，以防弄错后发生异常反应引起危险，应专人保管，定期检查清理。

4. 乙醇用量较大应另室单独存放，有液化气的也应分室储存。

5. 多次使用的化学溶剂，应注意产生过氧化物的危险，特别是乙醚。

**第三十九条 使用各种烧瓶，瓶内外均有可靠温度计。**

1. 含有易燃溶剂样品的不得用电烘箱烘干，可用蒸汽箱或真空烘箱，严格按说明书操作注意事项执行。

2. 加热用酒精灯的点火灯头应为瓷质，不得用铁皮；正燃烧的酒精灯不得添加酒精；熄灭酒精灯火焰时应加盖熄灭，不得口吹；必须使用的电炉采用封闭、半封闭式；玻璃仪器不得直接放在电炉上，而应下衬专用石棉网。

3. 易分解的试剂或强氧化剂（如过氮酸）在加热时易爆炸，务必在通风橱内操作；每次操作完毕后，应立即将易燃剧毒品归回原处，不得在台上存放；室内检验的电气设备，应合格安装，定期检查，防止漏电、短路、超负载等不正常情况；一切烘箱等发热体不得直接放在木台上，烘箱铁皮架与木台之间应有砖块、石棉板等隔热材料垫衬。